Glenn Murphy

Das Panik-Buch

Warum wir im Dunkeln Angst haben und Spinnen gruselig sind

Mit Illustrationen von Mike Phillips
Aus dem Englischen von Ulrich Thiele

W0230722

Arena

Für Damon, Debs und Gaby –
weil sie auch vor riskanten Buchideen
nicht zurückschrecken

Die Originalausgabe erschien 2009 unter dem Titel
»Stuff that scares your pants off! The Science Museum Book of scary things
(and ways to avoid them)« bei Macmillan Children's Books, London.
Text © Glenn Murphy 2009
Illlustration © Mike Philips 2009

1. Auflage 2011
© für die deutsche Ausgabe
Arena Verlag GmbH, Würzburg 2011
Alle Rechte vorbehalten
Illustrationen: Mike Phillips
Covergestaltung: Frauke Schneider
Übersetzung: Ulrich Thiele
Gesamtherstellung: Westermann Druck Zwickau GmbH
ISBN 978-3-401-06730-8

www.arena-verlag.de

Inhalt

Dank an

Damon McCollin-Moore, Deborah Bloxam, Fran Bate,
Sarah Richardson, Katie Maggs, Rob Skitmore
und alle anderen im Science Museum, die mich mit ihren Ideen
und Ratschlägen unterstützt haben,

Gaby Morgan und alle anderen bei Macmillan Children's Books für
ihre treue Unterstützung auf der anderen Seite des Atlantiks,

Dr. Annabel Price,

Julia Hewlett und Professor Alun Williams vom
Royal Veterinary College,

Jane, Omar, Brad und Victoria, die mich während meiner
sommerlichen Lesereise in London einquartiert (und ertragen) haben –
Mitcham Massive lebt!

Die Schwichows, die Sherrills, die Fab Four
(das heißt, die anderen drei) und alle unsere neuen Freunde
in North Carolina,

die Witts und die Murphs,
und wie immer Heather und Fuzzball –
ohne euch hätte ich es nicht geschafft.

Einführung

Bissige Haie. Abstürzende Flugzeuge. Tödliche Krankheiten. Geister, Bakterien, Außerirdische. Dieses Buch quillt über vor Katastrophen und Ungeheuern. Alles, was irgendwie gefährlich sein könnte, findest du hier. Aber auf den folgenden Seiten begegnest du nicht nur lauter gefährlichem Zeug. Wir begeben uns auf eine Reise ins Reich der Angst . . .

Dabei werden wir in die tiefsten, unbekanntesten Regionen des Gehirns und des Körpers vordringen. Wir werden die Wurzeln von Ängsten, Phobien und Panikattacken aufdecken. Wir werden erforschen, wie sie funktionieren.

Aber was ist das eigentlich – Angst? Woher kommt sie? Wie können wir damit umgehen, damit leben? Wie können wir sie austricksen? Um diese Fragen zu beantworten, werden wir ihr Reich bis in die letzten Winkel erkunden. Wir werden herausfinden, wovor wir uns eigentlich fürchten und ob wir zu Recht davor zittern. Wir werden überprüfen, wie wahrscheinlich es ist, dass es ausgerechnet uns erwischt. Und wir werden erfahren, wie man dem gefährlichen Zeug am besten aus dem Weg geht.

Von Erdbeben und Orkanen bis zu Spinnen und Schlangen, von Ärzten (sogar Zahnärzten!) bis zu klapprigen Flugzeugen, explodierenden Autos und untergehenden Schiffen, von der dunklen Nacht bis zum tiefen Meer, von der Geisterwelt bis zum Jenseits – auf unserer Entdeckungsreise werden wir keinem Schrecken aus dem Weg gehen. Mit ein wenig

Biologie, einer Prise Psychologie und haufenweise wunderhübschen Fakten und Zahlen werden wir die dunkelsten Ecken unserer Lieblingsängste ausleuchten. Wir werden aufdecken, wie sie sich im Kopf einnisten und wie sie sich zu richtigen Phobien aufplustern – aber auch, wie wir sie durch unser neues Wissen in die Schranken weisen.

Klingt gut, was? Oder doch ein bisschen gruselig? Na, wahrscheinlich beides.

Gut gruselig, gruselig gut – ist doch gar nicht schlecht für den Anfang. Also, los geht's!

1. Die Schrecken der Tierwelt

Manche Ängste sind angeboren, andere wollen gelernt sein

Beim Anblick einer Schlange – oder einer klitzekleinen Spinne! – bekommen viele Leute einen Schreianfall. Andere Leute halten sich riesige Schlangen oder Spinnen als Haustiere und gucken gemütlich fern, während ihre Lieblinge auf ihrem Schoß herumglitschen oder -krabbeln. Doch die wenigsten würden sich darüber freuen, beim Waldspaziergang von einem fauchenden Tiger oder Bären überrascht zu werden. Und wer beim Tauchen plötzlich ins mit rasiermesserscharfen Zähnen gespickte Maul eines Hais blickt, wird wahrscheinlich nicht vor lauter Lachen fröhliche Luftblasen hervorblubbern – außer er ist nicht ganz richtig im Kopf (oder jemand hat ihm Lachgas in die Sauerstoffflasche geschmuggelt). Wie es aussieht, können einige Glückspilze manche Ängste einfach »abschalten«, während andere Ängste bei fast jedem für volle Hosen sorgen.

Woher kommt das? Hat man vor manchen Viechern, zum Beispiel vor Haien, Spinnen und Schlangen, einfach von Geburt an Angst? Oder haben kleine Babys erst einmal gar keine Angst vor gar nichts? Müssen sie erst noch lernen, sich vor bestimmten Dingen zu fürchten? Zum Beispiel durch schlechte Erfahrungen? Tja, kommt drauf an.

Manche Ängste scheinen uns Menschen (genau wie anderen Tieren) tatsächlich in die Wiege gelegt zu sein. Zu diesen angeborenen Angstfaktoren zählen so schöne Sachen wie die Dunkelheit, lauter Krach und plötzliche Bewegungen. Außerdem fürchten sich einige Tiere von Geburt an vor bestimmten Feinden, zum Beispiel haben schon neugeborene Mäuse Angst vor Katzen und Füchsen – und das ist ja auch gut so, oder? Hätten sie keine Angst, würden sie in der freien Wildbahn wahrscheinlich nicht besonders lang überleben. Deshalb sind die tapferen, aber dummen Mäuse mit der Zeit aussortiert (beziehungsweise aufgefressen) worden, während sich die vernünftigen Mäuse mit Katzen- und Fuchsphobie fröhlich vermehren durften. Das Ganze nennt man dann natürliche Auslese.

Bei uns Menschen ist es ganz ähnlich gelaufen. Einige unserer typischen Ängste leuchten sofort ein, wenn man an unsere Vorfahren denkt. Die mussten sich schließlich auch in der freien Natur durchschlagen! Und da war es bestimmt nicht schlecht, sich vor Donner und Blitz zu fürchten – denn wer beim ersten Krach sofort in Deckung ging, stand dann nicht irgendwo auf dem Feld herum, wo er als höchste Erhebung weit und breit am ehesten vom Blitz heimgesucht wurde (siehe S. 51). Auch die Angst vor großen Raubtieren (wie Bären und Tigern) oder zumindest möglicherweise giftigen Tieren (wie Schlangen und Spinnen) kam der Gesundheit unserer Urahnen sicherlich sehr zugute.

Aber ist das nicht schon ewig her?

Ja, aber in den letzten 10.000 Jahren hat sich unser Gehirn eben kaum weiterentwickelt! Seit der Steinzeit hat sich da oben nur sehr wenig getan – und deshalb haben selbst Leute, die in modernen Großstädten leben, eine Heidenangst vor wilden Tieren. Klar, Tiger kennen die meisten von uns nur aus dem Zoo und die wenigsten können von Ringkämpfen mit giftigen Schlangen berichten, aber unseren Gehirnen ist das egal. Die wurden auf bestimmte Gefahren aus der grauen Vorzeit »programmiert«, nicht auf aktuelle Gefahren wie schnelle Autos und schnelles Essen im Fastfood-Lokal.

Okay, das ist auch nicht die ganze Wahrheit. Sonst würden wir uns ja alle vor denselben Sachen fürchten und niemand würde vor neumodischem Kram wie Flugzeugen und Aufzügen zittern. Und was wäre mit selteneren Phobien vor (auf den ersten Blick) harmlosem Zeug? Zum Beispiel mit der Dendrophobie, der Angst vor Bäumen, oder der Alektorophobie, der panischen Angst vor Hühnern (und zwar – kein Witz! – egal ob lebendig, gefroren oder gebraten, solange es noch irgendwie hühnerähnlich aussieht)?

Tatsächlich plagen uns Menschen nur ein paar universelle, angeborene Ängste, etwa vor der Dunkelheit, lautem Krach und plötzlichen Bewegungen. Alles andere wird entweder durch schlechte Erfahrungen erlernt oder es entwickelt sich erst aus sogenannten Dispositionen (Neigungen). Wie funktionieren diese Dispositionen? Nun, von Geburt an fürchten wir uns nicht vor Schlangen, Spinnen oder Bären, sondern vor bestimmten Formen oder Bewegungsabläufen. Wie wir dann auf ein bestimmtes Tier reagieren, hängt von zwei Dingen ab: Welche Erfahrungen wir mit dem Tier machen und wie andere Leute auf das Tier reagieren. Schauen wir uns das Ganze genauer an. Die längliche Schlängelbewegung einer Schlange erkennen alle Kinder (und übrigens auch alle jungen Äffchen) sofort – und jetzt wird es spannend: Welche Erfahrungen machen sie mit der Schlange? Und wie reagiert ihre Umwelt? Wird das Kind von der Schlange gebissen oder verfallen die Eltern in Panik, sobald die Schlange auftaucht, wird es sich sein Leben lang vor Schlangen fürchten. Ein anderes Beispiel: Vor der riesigen, rasend schnellen Gestalt eines herbeistürmenden Bären oder Tigers würde jeder erschrecken, aber vor Bären und Tigern an sich fürchten sich Kinder erst, nachdem sie tatsächlich von einem angegriffen wurden. Oder nachdem ihnen, was bei uns eher üblich sein dürfte, von gefräßigen Bären und Tigern erzählt wurde.

Damit wissen wir auch, wie wir unsere Angst vor wilden Tieren in die Schranken weisen können. Meistens fürchten wir uns nur, weil uns irgendwer gesagt hat, ein bestimmtes Tier wäre gefährlich, weil wir schaurigen Geschichten gelauscht haben oder weil wir gesehen haben, wie unsere Eltern oder Freunde beim Anblick bestimmter Tiere zusammengezuckt sind.

Sicher, mit vielen wilden Tieren sollten wir uns wirklich nicht anlegen. Aber viele wollen sich gar nicht mit uns anlegen. Unsere heutige Welt hat so viele Gefahren zu bieten, dass die paar Todesfälle oder Verletzungen durch Tiere kaum ins Gewicht fallen. Wenn man das – und ein paar Grundregeln zum Umgang mit Tieren – im Kopf behält, muss man sich nie wieder vor einem Tier fürchten.

Nicht einmal vor diesen garstigen Hühnern.

HAIE
Albtraum auf hoher See

30. Juli 1945, vor der Insel Guam im Westpazifik: Die USS Indianapolis, ein Kreuzer der amerikanischen Marine, wird von einem japanischen U-Boot versenkt. Beim Angriff kommen etwa 300 der 1.200 Mann an Bord ums Leben, knapp 900 springen mit oder ohne Schwimmweste ins Wasser.

Als am nächsten Morgen die Sonne aufgeht, tauchen die ersten Haie auf.

Zuerst umkreisen sie ihre Opfer nur. Die Überlebenden klammern sich verzweifelt aneinander. Als sich am zweiten Tag schon Hunderte von Haien versammelt haben, geben die durstigen, entkräfteten und von der Sonne gebratenen Männer die letzte Hoffnung auf. Ihre Hilfeschreie verstummen, bange Stille senkt sich auf das Meer.

Eine Stille, die ab dem dritten Tag alle paar Minuten von einem erstickten Schrei durchbrochen wird – die Haie schlagen zu, ein Seemann nach dem anderen fällt ihnen zum Opfer. Erst am fünften Tag trudelt ein Rettungsboot ein. Der Kapitän muss zusehen, wie die gierigen Haie noch an Matrosen zerren, die er gerade aus dem Wasser ziehen will.

Nur 317 Männer überleben, die meisten anderen werden von dem wild gewordenen Schwarm Weißspitzen-Hochseehaie verspeist. Es ist die schlimmste Hai-Attacke aller Zeiten – soweit man weiß . . .

Die Angst

Von einem menschenfressenden Hai verspeist zu werden – geht's noch gruseliger? Wohl kaum. Haie haben sich über Millionen Jahre zu perfekten Unterwasser-Killermaschinen entwickelt, mit einem Schlund voll Rasierklingen am einen Ende und einer kräftigen Schwanzflosse am anderen, die den grin-

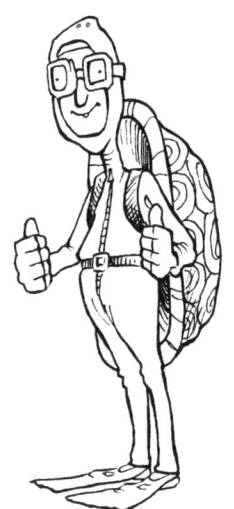

senden Torpedo in Höchstgeschwin-
digkeit durchs Wasser schießen
lässt ... geradewegs auf dich und deine verzweifelt paddelnden Beine zu!
Aarrggh! Haie riechen einen Tropfen
Blut in Millionen Litern Wasser, Haie
spüren die Elektrizität in deinen zuckenden Muskeln. Aber am schlimmsten ist, dass sie dabei auch noch Cello
spielen: Daaaaa-dum, daaaaa-dum,
dum-dum-dum-dumm-daaa-dum ...*

Die Realität
So sieht's doch aus, oder?
Na ja, nicht ganz. Manche Haie sind zweifellos sehr gefährlich, andere tun uns Menschen überhaupt nichts zuleide.
Glaubst du nicht? Stimmt aber! Selbst sogenannte *Menschen-
haie* sind nicht halb so blutrünstig, wie uns manche Regisseure in ihren Filmen glauben machen wollen. Und Cello können
sie erst recht nicht spielen. Übrigens auch nicht Geige oder
Kontrabass.
Insgesamt sind uns 350 Arten von Haien bekannt. Von diesen 350 können uns nur ein paar gefährlich werden, darunter
der Weiße Hai, der Riffhai und der Tigerhai. Selbst diese Arten
vergreifen sich nur sehr selten an badenden Menschen und
selbst dann meistens aus Versehen. Normalerweise wollen sie
gar nichts von uns – außer irgendwer meint, er müsste einen
Hai füttern oder anstupsen (das ist keine gute Idee), oder ein
Surfer fällt vom Brett direkt auf einen nichts ahnenden Hai
(das ist dann einfach nur Pech). Aus dem Nichts greifen Haie
eigentlich nur an, wenn sie einen Schwimmer oder Surfer für

---

* Du erinnerst dich doch an die Titelmelodie aus dem Gruselschocker »Der weiße Hai«?

einen Seehund oder eine Schildkröte halten. Das kann schon mal passieren, so von unten und im Wasser . . . eine schmerzhafte Verwechslung, aber eben eine Verwechslung. Außerdem lassen sie dann meistens nach dem ersten Bissen los und verziehen sich, statt weiter an dem unglücklichen Wassersportler herumzunagen.

Ich weiß schon, was du jetzt denkst. Klasse. Das wird mir sicher sehr weiterhelfen, wenn ich dann ohne Beine am Strand liege. Da werde ich bestimmt froh sein, dass der arme Hai nur aus Versehen zugebissen hat. Aber denk doch mal nach: Warum fürchten wir uns so sehr vor Haien? Weil wir glauben, dass sie es auf uns abgesehen haben, dass sie uns fressen *wollen*. Okay, natürlich auch, weil sie uns fressen *können*. Und weil sie uns tatsächlich *fressen*. Jeden Tag. Ständig. Pausenlos. Oder doch nicht?

Die Wahrscheinlichkeit

In der *Internationalen Haiangriff-Datenbank* werden Haiattacken in aller Welt verzeichnet. Danach kommt es im Jahr durchschnittlich zu rund 50 Haiangriffen: 15 im amerikanischen Florida, die übrigen 35 in Australien (6), Brasilien (5), Südafrika (4) und anderen Gegenden (der Rest). Und wie viele davon verlaufen tödlich? Zum Beispiel von den 15 Haiangriffen vor der Küste Floridas? Tja, im Durchschnitt genau . . . null. Richtig gelesen: 15 Bisse, null Tote. In anderen Gegenden, wo der Weg vom Strand zum nächsten Krankenhaus etwas weiter ist, steigt der Durchschnitt manchmal auf eins. Aber mehr auch nicht.

Eins. Klar, keiner will ausgerechnet *dieser eine* sein. Aber wenn man mal überlegt, woran man noch so sterben könnte und wie wahrscheinlich *das* ist, sind Haie eigentlich kaum der Rede wert.

Aber schauen wir uns doch noch ein paar Zahlen an.

Zwischen 1960 und 2007 gab es weltweit 1.638 Haiangriffe, 40 Prozent davon (also etwa 650 Angriffe) in den USA. Dort genehmigen sich Haie offensichtlich öfter mal einen kleinen menschlichen Leckerbissen . . .

Aber nicht mal in einem von 100 Fällen ist das Opfer gestorben. Ja, in den letzten 100 Jahren sind in Amerika keine 20 Menschen von Haien getötet worden, also nicht mal ein Mensch alle fünf Jahre! Und das bei den Millionen Leuten, die sich alljährlich in Florida oder Kalifornien in die Fluten stürzen.

2003 war so ein Jahr, in dem ausnahmsweise ein Mensch durch einen nicht provozierten Haiangriff gestorben ist. (Die *provozierten* Haiangriffe lassen wir jetzt mal beiseite. Wer meint, er müsste sich absichtlich mit einem Hai anlegen, hat wirklich ein messerscharfes Erwachen verdient. Also echt jetzt.) Ein Toter bei 40 Bissen, die 2003 in den USA gemeldet wurden. Vergleichen wir das doch mal mit ein paar anderen Todesursachen in den USA im selben Jahr:

Todesfälle in den USA im Jahr 2003

Insgesamt	2.448.288
Durch Herzinfarkt, Krebs, Schlaganfall	1.399.680
Durch Grippe und Lungenentzündung	65.163
Durch Verkehrsunfälle	43.354
Durch Schusswaffen	28.664
Durch Stürze	13.322
Durch Vergiftungen	12.757
Durch Ertrinken	3.842
Durch andere Unfälle	1.510
Durch Haiangriffe	1

Okay, es gibt nettere Statistiken. Aber jetzt wissen wir wenigstens, dass man sich als Amerikaner vor vielen Dingen fürchten kann – und erst wenn man damit fertig ist, sollte man über Haie nachdenken.

Alles in allem . . .

Nun sind wir also ein bisschen schlauer. Wir wissen, dass die meisten Haiarten gar keine Menschen angreifen und dass die anderen meistens nur aus Versehen zubeißen. Wir wissen, dass man nach einem Biss noch ziemlich gute Chancen hat, mit halbwegs heiler Haut davonzukommen. Und wir wissen, dass Haie insgesamt viel, viel weniger Menschen auf dcm Gewissen haben als andere Grausamkeiten.

Andererseits hat natürlich niemand Lust, von einem Hai angeknabbert zu werden. Meinetwegen bringt einen das nicht gleich um, aber besonders viel Spaß kann es auch nicht machen.

Wie geht man ihnen also am besten aus dem Weg?

Erst einmal sollte man Strände meiden, vor denen sie besonders gerne jagen – das versteht sich von selbst. Außerdem sollte man aufpassen, dass man nicht mit einem Fisch, einem Seehund oder einer Schildkröte verwechselt wird. Und deshalb sollte man . . .

- nicht zwischen Sonnenuntergang und Sonnenaufgang schwimmen gehen, denn Haie jagen meistens in der Nacht. Noch dazu wird man im dämmrigen Licht eher für ein Beutetier gehalten.

- aus demselben Grund: nicht in trübem oder verschmutztem Wasser schwimmen.

- keinen glänzenden Schmuck tragen, denn der könnte mit Schuppen verwechselt werden, wenn er im Licht blitzt.

🖐 nicht mit offenen Wunden oder Schnitten schwimmen, denn Blut zieht Haie an.

🖐 nicht zu weit hinausschwimmen, denn Haie kommen eher selten ins flache Gewässer.

🖐 und vor allem: möglichst keinen Ganzkörper-Schildkröten-Anzug tragen. Glaub mir, das macht alles nur noch schlimmer.

Furchterregende Fakten

Haie treiben sich schon seit fast 400 Millionen Jahren in den Weltmeeren herum – die ersten Dinosaurier tauchten erst viiieeel später auf.

Weiße Haie sind sogar ziemlich intelligent, sie verfügen über eine eigene Persönlichkeit und eigene Gefühle. (Also gibt es da draußen wahrscheinlich einen schüchternen Hai, einen Rechthaber-Hai und einen Verrückter-Professor-Hai. Fragt sich nur, ob uns das jetzt beruhigen oder noch weiter beunruhigen sollte.)

Einem Hai gehen nie die Zähne aus – verliert er einen, rückt sofort ein neuer nach, der dahinter in einer »Ersatzreihe« bereitsteht. Ein durchschnittlicher Hai verbraucht im Leben über 20.000 Zähne.

BÄREN, WÖLFE, HUNDE
Tot stellen? Keine gute Idee!

Bären, heißt es oft, verhalten sich ganz ähnlich wie Hunde – sie sind neugierig und intelligent, aber auch launisch und unberechenbar. In Kanada und den USA erzählt man sich unzählige Geschichten über Wanderer und Jäger, die von Bären angegriffen wurden. Und trotzdem kann einem kaum einer sagen, was man denn tun soll, wenn man plötzlich einem Bären gegenübersteht. Manche raten: »Klettre auf einen Baum!« Nur leider kommen Bären ziemlich gut auf Bäume hoch. Andere raten: »Renn weg!« Nur leider können Bären im vollen Lauf über 50 km/h erreichen. Wieder andere raten: »Leg dich auf den Boden, roll dich zusammen und stell dich tot!« Doch dann erzählt jemand, wie es ihm mit dieser Taktik ergangen ist: Der Bär schnappte nach seiner Schulter und schon fand er sich zwischen den kräftigen Beißern des größten und cleversten Raubtiers der Erde wieder und wurde durchgeschüttelt wie ein Hundespielzeug. Tot stellen? Sorry, aber das ist keine gute Idee.

Die Angst

Canophobie ist das schlaue Wort für Hundeangst. Natürlich ist Hundeangst viel weiter verbreitet als die Angst vor ihren größeren und furchterregenden Cousins, also vor Wölfen, Hyänen und Bären. Aber egal, welches Tierchen man sich auch aussucht, man fürchtet eigentlich immer dasselbe – nicht das Bellen, nicht das Heulen . . . sondern den *Biss*.

Stell dir doch mal vor: Ein fauchendes, sabberndes Maul schließt sich um dein Bein. Spitze gelbe Reißzähne zerren das Fleisch von deinen Knochen. Als Nächstes schnappt es nach deinen Armen, deinem Hals, deinem Gesicht . . .

Was, du hast immer noch keine Gänsehaut? Okay, dann probier's mal damit . . .

Furchterregende Fakten

Ist ein Grizzlybär erst mal richtig wütend, greift er selbst mit drei oder vier Kugeln im Leib an. Oft scheinen ihn die Kugeln kaum zu stören. Ja, sie stacheln ihn nur noch weiter an . . .

Hyänen haben verdammt kräftige Kiefer. Knochen können sie mit einem einzigen Biss zermalmen. Man hörte sogar von afrikanischen Dorfbewohnern, die vor ihren Hütten schliefen – bis eine Hyäne ankam und anfing, ihre Gesichter abzubeißen.

Wölfe greifen zu zweit oder im Rudel an und reißen ihre Opfer am liebsten in Stücke. Und Hunde, ihre zahmeren Verwandten, sind mitunter kaum zahmer. Sosehr wir unsere Hunde als Freunde und Beschützer lieben, so oft schnappen dieselben Hunde zu – sage und schreibe Millionen Male im Jahr. Da fragt man sich doch, ob das Sprichwort vom »besten Freund des Menschen« nicht ein wenig übertrieben ist . . .

Die Realität

Wie die meisten wilden Tiere greifen Bären nur selten an, solange sie nicht erschreckt, in die Enge getrieben oder sonst
wie provoziert werden. All das sollte man also tunlichst vermeiden, wenn man durchs Bärengebiet wandert – doch dann
ist alles in Butter. Noch dazu machen es uns die Bären sehr
leicht, denn uns Menschen gehen sie am liebsten gleich aus
dem Weg.

Bären sehen ziemlich schlecht, hören und riechen aber umso
besser. Meistens trollen sie sich schon, wenn sich ein Mensch
auf einen Kilometer genähert hat. Die Chancen, einen Bären
zu sehen, stehen also ziemlich schlecht, die Chancen, von einem Bären zum Ringkampf herausgefordert zu werden, noch
viel schlechter. Und selbst wenn man das Glück (beziehungsweise Pech) hat, über einen Bären zu stolpern, wird er meist
bloß knurren oder einen Angriff vortäuschen, um in Ruhe gelassen zu werden. In solchen Fällen muss man sich nur richtig
verhalten, damit beide ihren Willen bekommen: der Bär seine
Ruhe, der Mensch sein Leben . . .

Anders als Wölfe und Bären ernähren sich Hyänen in der Regel von Aas. Lebendige Gegner greifen sie nur an, wenn die
Gegner wirklich sehr schwach sind. Gesunde Menschen, die
sich rasch bewegen, sind ihnen viel zu stark und daher viel zu
anstrengend. Allerdings sieht es GANZ ANDERS aus, wenn wir
tot oder bewusstlos auf der Erde liegen – dann lassen sich die
meisten Aasfresser nicht zweimal bitten. Deshalb vergreifen
sich afrikanische Hyänen auch an schlafenden Dorfbewohnern:
Hey, denken sie sich, ich glaube, der Typ braucht sein Gesicht
nicht mehr. Wäre doch schade, wenn es umkommt . . .

Und auch Rudel von sprichwörtlich »großen, bösen Wölfen«
haben bisher kaum lebendige Menschen angegriffen und aufgefressen.

Was ist mit unseren lieben Haustieren, den Hunden? Tja,

Experten schätzen, dass acht Prozent aller Hunde im Laufe ihres Lebens mindestens einmal zubeißen. Aber muss man sich deswegen gleich fürchten? Jein. Das hängt ganz von der Hunderasse ab, von dem Ort, an dem man auf den Hund trifft, und von der Erziehung des Hundes. Der letzte Punkt, also wie das Herrchen mit dem Hund umgeht, ist wahrscheinlich am wichtigsten. Manche Hunde sind mehr oder weniger harmlos. Andere sind nur zu ihren Besitzern lieb, während sich Fremde in Acht nehmen sollten. Und vor wieder anderen sollte sich jeder in Acht nehmen. Man muss den Unterschied erkennen und alles vermeiden, was den Hund reizen könnte.

Hunde sind territorial – sie verteidigen ihr Revier. Deshalb greifen sie eher im eigenen Haus oder Garten an als unterwegs. Außerdem beißen Hunde, die an Ketten gehalten werden, deutlich öfter zu als ihre frei laufenden oder angeleinten Artgenossen. Was sagt uns das? Dass Hunde am ehesten angreifen, wenn sie sich in die Enge getrieben fühlen oder glauben, ihr Revier verteidigen zu müssen.

Am häufigsten trifft es Kleinkinder unter vier Jahren – unter anderem weil sie gerne mit wedelnden Armen auf den Hund zulaufen (wenn sie den »lieben Wauwau« nicht gleich am Schwanz, an den Ohren oder am Fell ziehen). Plötzliche Bewegungen erschrecken eben nicht nur Menschen, sondern auch Hunde. In solchen Situationen können Hunde aller Rassen zuschnappen, doch die meisten tödlichen Angriffe gehen auf das Konto von Rassen, die absichtlich zu unbarmherzigen Kampf- und Wachhunden gezüchtet wurden: Pitbulls, Rottweiler, Staffordshire Bullterrier.

Die Wahrscheinlichkeit

Und wie wahrscheinlich ist es jetzt, vom Hund gebissen zu werden? Nun, harmlose Bisse sind ziemlich normal, ernsthaftere Angriffe schon deutlich seltener und tödliche Angriffe richtig selten. Zum Beispiel in den USA: Bei jährlich rund 4,7 Millionen Angriffen werden jedes Jahr ungefähr 1,5 Prozent der Bevölkerung gebissen. Klingt viel, oder? Doch nach nur 6.000 Angriffen (0,1 Prozent) muss das arme Opfer hinterher ins Krankenhaus und nur 30 Angriffe (0,000006 Prozent) verlaufen tödlich, meist Angriffe auf Kleinkinder oder ältere Menschen. Die Chancen, von einem Hund attackiert und getötet zu werden, liegen insgesamt bei eins zu 150.000.

Übrigens, damit da keine Missverständnisse aufkommen: Amerikanische Hunde sind nicht bissiger als andere Hunde. In den USA werden Hundeattacken nur besonders sorgfältig erfasst, damit man die Hundebesitzer hinterher verklagen kann . . .

Grizzlys und Braunbären töten im Jahr zwei unglückselige Menschen, der weniger streitsüchtige Schwarzbär nur einen. Und bei Wölfen und Hyänen liegt der jährliche Durchschnitt fast bei null. Das ist alles dermaßen selten, dass man die Wahrscheinlichkeit, von einem Bären, einem Wolf oder einer Hyäne gekillt zu werden, kaum ausrechnen kann. Wahrscheinlich liegt sie irgendwo bei eins zu vielen, vielen Millionen.

Alles in allem . . .
Hyänen, Bären und Wölfen begegnen wir normalerweise nur im Zoo. Außerdem greifen sie so ungern an, dass wir diese Gefahr gleich vergessen können.

Auch wenn Bären in Teilen Nordeuropas, Nordamerikas und Nordasiens relativ weit verbreitet sind und der ein oder andere Wolf in unseren Breiten wieder gesichtet wurde, ist es trotzdem ziemlich unwahrscheinlich, von einem Bären oder Wolf angegriffen oder gar getötet zu werden. Und wenn man sich vorsichtig und respektvoll verhält, sinkt die Wahrscheinlichkeit noch weiter. Hier ein paar Tipps:

🖐 Wenn möglich, immer einen weiten Bogen um Bären machen (Ob du es glaubst oder nicht: Manch Wanderer wurde bitter bestraft, weil er sich einen knuddeligen Bären aus der Nähe anschauen wollte . . .)

🖐 Möglichst viel Lärm machen, wenn du durch Gegenden mit Wölfen oder Bären läufst, denn dann machen sie sich meist von selbst aus dem Staub. Mein Tipp: singen! Okay, vielleicht keinen Song von Shakira. Den Tieren wäre das wahrscheinlich ziemlich egal, deinen Freunden aber wahrscheinlich nicht.

🖐 Wenn du doch über einen Bären oder über Wölfe stolperst (oder sie über dich): Mach ihnen klar, dass du ein Mensch bist! Red lautstark auf sie ein, schwenk die Arme. Und falls dein Gegenüber zum Angriff übergeht: Nicht weglaufen! Bei Wölfen weckst du dann nämlich den Jagdinstinkt. Und Bären täuschen die meisten Angriffe nur an – Meister Petz hält knapp vor dem Ziel inne, weil er eigentlich nur klarmachen will, wer hier das Sagen hat. Danach zieht er eigentlich Leine. (Außerdem wären Bär und Wölfe sowieso schneller als du. Du solltest sie also nicht zu einem Wettlauf ermutigen.)

🖐 Wenn nichts davon klappt, bleiben dir genau zwei Möglichkeiten: Du kannst dich totstellen oder du kannst dich wehren. Bei einem Bären, der sich eigentlich nur verteidigen will, kann Totstellen durchaus funktionieren – aber wenn du schon zur nächsten Mahlzeit auserkoren wurdest, solltest du dich tunlichst wehren. Aber womit? Mit einem Pfefferspray! So ein »Bärenspray« kann eine Wolke aus beißendem Gas über acht Meter versprühen, am besten direkt auf die feinfühlige Schnauze des Bären oder Wolfs. Diese Methode war in fast 100 Prozent der Versuche erfolgreich; auf jeden Fall hast du damit deutlich bes-

sere Chancen als mit Pistolen, Gewehren oder Kung-
Fu . . .

Über Hunde stolpert man natürlich viel häufiger als über Bären (okay, besser als andersrum). Aber auch Hunde greifen eigentlich ungern an, tödliche Angriffe sind sogar sehr selten.
Und wenn du dich an ein paar vernünftige Regeln hältst,
musst du dir auch um die paar schwarzen Schafe keine Sorgen
machen. (Also um die schwarzen Hunde. Die aber nicht unbedingt schwarz sein müssen. Ach, egal.)

🖐 Fremden Hunden näherst du dich am besten nur, wenn
   dich der Besitzer direkt dazu auffordert. Selbst dann solltest du abwarten, bis der Hund von sich aus auf dich zuge-
   laufen ist und dich ausgiebig beschnüffelt hat – erst dann
   ist es ratsam, die Hand auszustrecken, um ihn zu kraulen
   oder zu streicheln . . .

🖐 Wenn du zum ersten Mal im Haus oder Garten des Hundes
   (beziehungsweise des Hundebesitzers) bist, musst du besonders vorsichtig sein. Geh erst auf den Hund zu, wenn
   du dir sicher sein kannst, dass er sich entspannt hat. (Und
   klettere bloß nicht in den Zwinger eines fremden Hundes.
   Glaub mir, das bereut man hinterher. Erst recht, wenn man
   dabei laut miaut.)

🖐 Halt die Augen offen. Bestimmte Warnsignale lassen auf
   einen schlecht gelaunten Hund schließen: leises Knurren
   oder wenn der Hund den Kopf auf Körperhöhe hält (statt
   tiefer oder höher als den Körper). Dann lässt du ihn am
   besten in Ruhe.

🖐 Selbst wenn du dir sicher bist, dass du gleich angegriffen
   wirst, musst du nicht gleich in Panik verfallen. Bleib ruhig
   und lauf nicht weg, sondern dreh dem Hund die Seite zu,

ohne ihm in die Augen zu schauen. In Hundesprache bedeutet das: Ich will dir nichts Böses, aber ich habe auch
keine Angst vor dir. Im Normalfall wird er dann noch ein
bisschen bellen und sich ein bisschen aufplustern. Und
während er damit beschäftigt ist, kannst du dich allmählich verdrücken.

Wenn du dich daran hältst, sinkt die (sowieso schon ziemlich
geringe) Wahrscheinlichkeit, von einem Hund angegriffen zu
werden, noch weiter. Und du kannst dich endlich darauf konzentrieren, mit Hunden Spaß zu haben. Denn die meisten
Hunde können wirklich treue Freunde sein – man muss sie nur
liebevoll und mit dem nötigen Respekt behandeln.

SCHLANGEN UND SPINNEN
Ein giftiges Andenken

»Ich erinnere mich daran wie an einen Film in Zeitlupe: Ich spüre einen merkwürdigen, schwachen Schmerz in der Hand. Ich drehe die Hand um – und entdecke zwei winzige Löcher, aus denen Blut und urinfarbenes Gift quellen. Sofort rutscht mir das Herz in die Hose ... Und schon spüre ich, wie meine Lippen, mein Kopf, meine Arme taub werden. Mit jedem Schritt werde ich ungeschickter ... Ich kann kaum noch schlucken und die Welt vor meinen Augen verzerrt sich, als würde ich sie durch eine staubige Windschutzscheibe sehen.«

Aus *Eigentlich bin ich tot* von Peter Jenkins

Die Angst

Es führt kein Weg daran vorbei: In den Top Ten der furchterregenden Tiere sind wir nun zweifellos bei den Spitzenreitern angekommen. Die Angst vor Spinnen *(Arachnophobie)* und die Angst vor Schlangen *(Ophiophobie)* sind beliebter als alle anderen Tier-Phobien. Besonders Schlangen scheinen Menschen in aller Welt Angst einzujagen. In der Arktis gibt es überhaupt keine Schlangen, der durchschnittliche Arktisbewohner hat noch keine einzige Schlange gesehen – und trotzdem zuckt er sofort zusammen, wenn man ihn mit einer bekannt macht.

Aber ist das nicht auch sehr vernünftig? Wo doch schon ein einziger Schlangenbiss furchtbar schmerzhaft sein kann? (Ganz zu schweigen von den folgenden Muskelschwellungen, Lähmungen, inneren Blutungen, Blutgerinnseln, Nierenproblemen, Herzinfarkten . . .) Ist es da nicht die beste Strategie, beim Anblick einer beliebigen Schlange oder Spinne sofort laut schreiend die Flucht zu ergreifen?

Die Realität

Nicht wirklich. Die meisten Schlangen und Spinnen sind nämlich überhaupt nicht giftig und selbst die giftigen sind nicht sooooo gefährlich. Zumindest nicht alle.

Auf unserem Planeten existieren 2.500 bis 3.000 Schlangenarten. Davon sind nur 600 bis 700 (also 20 bis 25 Prozent) giftig und nur ein Drittel davon kann mit einem einzigen Biss töten – darunter Kobras, Klapperschlangen, Kraits, Vipern, Braunschlangen und Taipane.

»Na, klasse«, sagst du nun wahrscheinlich. »Nur 25 Prozent. *Nur?* Das beruhigt mich jetzt total.« Aber denk doch mal nach – damit sind über drei Viertel aller Schlangen *komplett ungefährlich*. Zumindest für uns Menschen.

Außerdem hat eine Schlange nicht gleich einen Mordsappetit auf Menschenfleisch, nur weil sie uns theoretisch umhauen könnte. Die meisten Schlangen, ob giftig oder ungiftig, *wollen* uns gar nicht beißen. Vielmehr gehen sie uns möglichst aus dem Weg. Ja, Schlangen sind eigentlich sehr schüchtern, und wenn sie doch einmal zuschnappen, dann meistens weil irgendein todesmutiger Mensch versucht, sie einzufangen, aufzuheben oder umzubringen. Viele »tödliche« Schlangen sind sogar so nett, uns ausdrücklich zu warnen, wenn sie sich in die Ecke gedrängt oder bedroht fühlen – sie bäumen sich auf, machen den Kopf flach, zischen oder täuschen einen Angriff an. Wenn man diese Zeichen richtig deutet und sich brav zurückzieht, hat man nichts zu befürchten. Dazu muss man wissen: Die meisten Schlangen können nur in einem Abstand zuschlagen, der etwa der Hälfte ihrer Körperlänge entspricht. Deshalb musst du jetzt aber nicht gleich um die Schlange herumtanzen und johlen: »Na los, Schlänglein, versuch's doch!

Du kriegst mich ja doch nicht!« Am Ende würdest du dich nur in der Entfernung vertun, denn wir Menschen sind furchtbar schlecht darin, Längen und Abstände mit dem Auge abzuschätzen. Und probier bloß nicht, die freundliche Kobra von nebenan mit einem Maßband zu vermessen – das würde sie dir wahrscheinlich sehr übel nehmen . . .

Furchterregende Fakten

Die meisten Schlangen haben Zähne, aber nur Giftschlangen haben Giftzähne. Bei manchen Schlangen sind diese Giftzähne mit Scharnieren ausgestattet – im Alltag sind sie nach oben eingeklappt, aber kurz vor dem Biss schießen sie herunter. Brrrrr!

Schlangen sind Fleischfresser. Alle Schlangen. Und sie verschlingen ihre Opfer im Ganzen, also in einem Stück. Zu ihren Leibgerichten zählen Insekten, Nagetiere, Vögel, Schildkröten, Schweine und sogar kleine Rehe.

Auf der Karibikinsel Barbados wurde vor Kurzem die kleinste Schlange der Welt entdeckt: ein 100 Millimeter kurzes Schlänglein aus der Familie der Schlankblindschlangen, dem man prompt den Spitznamen Mikroschlange verpasste.

Am anderen Ende der Skala findet sich der bis zu zehn Meter lange Netzpython, die längste Schlange der Welt. Die Große Anakonda ist mit ihren etwa neun Metern nicht ganz so lang, aber dafür viel dicker und schwerer – manche Exemplare bringen über 200 Kilo auf die Waage!

Spinnen gibt es in noch mehr Varianten als Schlangen – über 40.000 Arten! Aber nur 30 davon haben Gift auf Lager, das uns Menschen richtig krank macht, und nur sehr wenige können uns mit einem einzigen Biss töten (zum Beispiel die Schwarze und Braune Witwe, die Sydney-Trichternetzspinne und die Brasilianische Wanderspinne). Warum sind die übrigen Spinnengifte so harmlos? Weil Spinnengift vor allem auf Tiere wirkt, von denen sich Spinnen ernähren, also meist auf Insekten, manchmal auch auf Vögel oder kleinere Säugetiere. Uns Menschen – genau wie anderen Tieren, die nicht auf dem typischen Spinnenspeiseplan stehen – wird daher meist nur ein bisschen komisch, wenn wir etwas von ihrem Gift abbekommen.

Viele Spinnen, die gerne als »tödlich!!!« bezeichnet werden, sind nicht mal besonders gefährlich. Wird man von einer Tarantel gebissen, tut das zwar ziemlich weh, aber man kratzt nicht gleich ab. Und ein Biss der braunen Einsiedlerspinne sieht zwar echt widerlich aus, denn die Haut um die Wunde stirbt ab und verwest – aber soweit man weiß, ist noch kein Mensch daran gestorben.

Was ist mit der berühmten Schwarzen Witwe? Nun, die *kann* uns zwar durchaus ins Jenseits befördern, aber meistens kriegt sie es doch nicht gebacken. Bei einem einzelnen Biss gibt sie in der Regel nur einen klitzekleinen Tropfen Gift ab, und das reicht nun mal nicht für einen Menschen. Noch dazu stehen in jedem Krankenhaus wirkungsvolle Gegengifte bereit und so sterben mittlerweile nur noch ein bis zwei Leute im Jahr am *Kuss* der Schwarzen Witwe.

Außerdem sind Spinnen genau wie Schlangen nicht besonders streitlustig. Am liebsten kommen sie uns erst gar nicht so nahe, dass sie in Versuchung geraten könnten, uns zu beißen. Ja, Spinnen sind sogar noch zurückhaltender als Schlangen – eigentlich schlagen sie nur zu, wenn sie aufgehoben oder angestupst werden oder Gefahr laufen, zermanscht zu werden. Demnach werden sie dich ganz sicher nicht mit aufgerissenem Maul anspringen wie im Horrorfilm. Wenn eine Spinne doch mal zubeißt, dann meistens durch einen blöden Zufall; zum Beispiel, wenn sich jemand einen Handschuh, einen Schuh oder ein sonstiges Kleidungsstück anziehst, in dem sie sich gerade ausruht. Stell dir das doch mal vor: Da hast du es dir ganz vorne in einem riesigen Stiefel gemütlich gemacht und plötzlich schwebt ein monströser, fleischiger Fuß über dir, der dich jeden Moment zerquetschen wird! Was würdest du tun? Ich schätze, du würdest den Fuß mit allen Mitteln aufhalten wollen. Genau wie die arme kleine Spinne.

Die Wahrscheinlichkeit

Kommen wir zur Sache: Wie stehen die Chancen, von einem Krabbel- oder Glitschviech gekillt zu werden?

Jedes Jahr bringen es drei bis sechs Millionen Menschen fertig, von Schlangen gebissen zu werden – obwohl Schlangen, wie wir gerade erfahren haben, eigentlich gar keine Lust darauf haben. 90 Prozent der Fälle ereignen sich in Zentralafrika, Indien und Südostasien. Doch in nur 0,01 bis 0,02 Prozent der Fälle stirbt das Opfer, sprich: in einem oder zwei von 10.000. Selbst wenn du gebissen wirst, liegt deine Überlebenschance damit bei mindestens 99,98 Prozent!

Bei Spinnen lässt sich das Ganze nicht so leicht ausrechnen, weil die meisten Spinnenbisse gar nicht im Krankenhaus behandelt oder bei Spinnenforschungsstellen gemeldet werden. Immerhin wissen wir, dass selbst die fiesesten Spinnenarten in höchstens zehn Prozent der Fälle ihr Opfer töten. Sogar in Australien, wo wahrscheinlich die meisten giftigen Viecher zu Hause sind, wurde seit 1979 kein einziger Todesfall durch Spinnenbisse verzeichnet. Also gar keiner. Null. Und die Brasilianische Wanderspinne[*], die wahrscheinlich giftigste Spinne der Welt, hat bei über 7.000 bekannten Bissen nur eine Handvoll Leichen hinterlassen.

---

[*] Ach ja, die Brasilianische Wanderspinne heißt übrigens so, weil sie gerne ihr Netz verlässt und auf der Suche nach Beute über den Waldboden »wandert«, dabei hält sie allerdings keine winzige Landkarte zwischen zweien ihrer acht Beinchen.

Alles in allem . . .

. . . sind Spinnen und Schlangen nicht halb so schlimm wie ihr Ruf. Wahrscheinlich fürchten wir sie so sehr, weil wir sie *schon immer* fürchten – seit unsere affenähnlichen Vorfahren auf dem Waldboden oder hoch oben im Baum geschlafen haben, wo sie öfter mal eine Spinne oder Schlange aufscheuchten.

Dass diese Angst zumindest zum Teil angeboren ist, lässt sich auch durch Experimente beweisen: Zeigt man Affen und Kleinkindern schlangenartige Formen, reagieren sie sofort – selbst wenn die Formen zusammen mit ganz ähnlichem Zeug gezeigt werden. Anscheinend haben wir Menschen (und einige andere Tiere) *von Natur aus* Angst vor Schlangen und Spinnen.

Und wahrscheinlich hat diese Angst unseren Vorfahren sehr geholfen, in der Wildnis zu überleben. Wir modernen Menschen sterben kaum noch an Schlangen- oder Spinnenbissen, aber unsere tierischen Urahnen hatten wirklich Grund zur Sorge: eine schmerzhafte, geschwollene Wunde an der Hand oder am Fuß und schon konnten sie nicht mehr jagen und mussten kläglich verhungern, auch wenn das Gift eigentlich harmlos war. Auf diese Weise hat die Natur nach und nach all unsere Vorfahren aussortiert, die zu neugierig oder zu mutig waren oder sich einfach zu leicht beißen ließen. Und wer blieb übrig und durfte sich vermehren? Die vernünftigen Schlangen- und Spinnen-Phobiker!

Sind wir doch mal ehrlich: Eigentlich brauchen wir diese Angst nicht mehr. Heutzutage können uns nur noch sehr wenige Schlangen und noch weniger Spinnen gefährlich werden und diesen paar Exemplaren kann man problemlos aus dem Weg gehen. Schließlich müssen wir nicht mehr durch die (Ur-)Wälder streifen, in denen sich die meisten Giftschlangen aufhalten; solange wir uns nicht mit ihnen anlegen, lassen sie uns in der Regel liebend gern in Ruhe. Und wenn wir uns nicht so sehr ekeln, dass wir sie unbedingt aus dem Haus schaffen müssen, tun uns Spinnen sogar einen großen Gefallen: Sie verspeisen Mücken, Fliegen und andere lästige Insekten.

Sollte dir doch mal eine Spinne oder Schlange über den Weg krabbeln oder kriechen, die dir instinktiv verdächtig vorkommt, ist das auch kein Problem. Geh ihr einfach aus dem Weg. Falls sie schon bei dir im Haus ist, ruf einen Tierarzt oder einen professionellen Notdienst an, der sie für dich entfernt. Und immer dran denken: Kaum jemand wird von einer Schlange oder Spinne gebissen, und wenn doch, dann meistens bei dem Versuch, das Tier zu fangen, aufzuheben oder zu töten. Schlangen und Spinnen schlagen fast nie zu – sie schlagen höchstens *zurück*.

Gut, bei dir im Zimmer willst du vielleicht wirklich keine Schlangen oder Spinnen haben. Vielleicht wirst du nie gemütlich auf dem Sofa abhängen und deiner Lieblingsspinne frisch gefangene Fliegen füttern. Kann ich verstehen. Aber trotzdem kann man doch denselben Planeten bewohnen, oder? Jedes Leben, auch wenn es uns noch so schleimig oder wuselig erscheint, verdient Schutz und Respekt.

Die nächste Spinne im Badezimmer spülst du also nicht den Abfluss hinunter, okay? Fang sie einfach in einem Glas und schmeiß sie aus dem Fenster. Siehst du? Ist doch gleich ein besseres Gefühl.

Furchterregende Fakten

Sämtliche Spinnen verfügen über ein Paar hohle Kiefer-
klauen – wenn sie zubeißen, schießt das Gift aus dem
Hohlraum ins Opfer. Doch für die meisten Spinnen ist
unsere Haut zu dick. Ein Glück!

Spinnen sind Fleischfresser. Alle Spinnen. Am liebsten
jagen sie Insekten wie Fliegen, Motten, Mücken und
Ameisen, aber manche stehen auch auf Frösche, Eidech-
sen, Schlangen, Vögel und . . . andere Spinnen.

Es gibt zwei Arten von Spinnengiften: neurotoxische
Gifte und nekrotische Gifte. Neurotoxische Gifte wirken
auf die Nerven im gesamten Körper; sie verursachen
Krämpfe, Lähmungen und können sogar (allerdings sehr
selten) bei Menschen zum Tod führen. Nekrotische Gifte
zerstören Haut- und Muskelzellen; um die Bissstelle ver-
färbt sich die Haut schwarz und platzt ab. Schlangengifte
können sogar beides zusammen enthalten und obendrauf
sogenannte Hämotoxine (zerstören Blutzellen) und Anti-
koagulantien (verhindern die Blutgerinnung).

Die kleinste Spinne der Welt heißt Patu marplesi – sie ist
in Samoa zu Hause und ihr Durchmesser beträgt gerade
mal 0,43 Millimeter! Dafür wird die Goliath-Vogelspin-
ne, die größte Spinne der Welt, bis zu 30 Zentimeter
groß . . .

BIENEN, WESPEN UND ANDERES KRABBELZEUG
Sssssehr, sssssehr gefährlich . . .

Die Asiatische Riesenhornisse *(Vespa mandarinia)* kann man guten Gewissens als größte Wespe der Welt bezeichnen. Sie wird fünf Zentimeter lang, ihre Flügelspannweite ist etwa so groß, wie deine Handfläche breit ist. Man könnte sie fast für einen kleinen Vogel halten . . . wären da nicht die schwarz-gelben Streifen auf ihrem Körper und der sechs Millimeter lange Stachel. Ihr Stich fühlt sich an, als würde man einen dünnen, spitzen Nagel in die Haut treiben – in die Haut, die sofort Schicht für Schicht von starkem Gift weggefressen wird. Zu allem Überfluss greift die Asiatische Riesenhornisse, die bis zu 40 km/h schnell fliegen kann, auch noch regelmäßig Menschen an . . .

Die Angst

Insekten. Wanzen, Schaben, Motten. Igitt! Im Reich des furchterregenden Viehzeugs darf krabbelndes, beißendes, stechendes Getier natürlich nicht fehlen. Mag sein, dass sich nicht jeder vor Insekten *fürchtet,* aber die meisten hüten sich doch zumindest vor bestimmten Arten. Und sobald man sich vorstellt, von einem ganzen *Schwarm* gefräßiger Flügeltiere überfallen und eingekreist zu werden, nimmt der Schrecken ganz neue Dimensionen an.

Du bleibst immer noch cool? Dann stell dir doch mal folgende Szene bildhaft vor:

Ein warmer Sommertag. Du bist mit deinen Freunden im Park, ein Kumpel schießt einen Fußball in deine Richtung. Doch der Ball verfehlt dich und landet stattdessen auf einem fast papiernen Nest im Baum hinter dir – und Sekunden später wird dein Kopf von einer dichten Wolke wütend brummender Wespen eingehüllt, die dich mit brennenden Stichen übersäen!

Oder anders: Du zeltest am Rand einer weitläufigen Steinwüste. Als du die nackten Füße in den Schlafsack steckst, stößt du auf eine Schar krabbelnder Kakerlaken . . . oder trippelnder Tausendfüßler . . . oder skrupelloser Skorpione . . .

Okay, wenn du jetzt noch cool bleibst – Respekt! Aber würdest du in echt auch so cool bleiben?

Die Realität

Mit Insekten ist es ähnlich wie mit Spinnen und Schlangen: Eigentlich sind sie ziemlich harmlos und trotzdem geraten wir bei ihrem Anblick regelmäßig in Panik. Warum? Wegen einer Mischung aus (mal wieder) angeborenen und erlernten Reaktionen. Die schnellen, unregelmäßigen Bewegungen der brummenden Krabbelviecher können einen Schreckreflex auslösen: Unser Herz schlägt schneller, unsere Atmung beschleunigt. Doch an diesem Punkt haben wir sie erst *bemerkt* – den Grund für unsere übertriebene *Angst* müssen wir woanders suchen. Und ich weiß auch schon, wo: in den vielen schrecklichen Geschichten, die man so über Hornissenstiche und Skorpionenbisse erzählt. Ohne diese Panikmache würde man kaum ein Krabbeltier als wirklich »gefährlich« einstufen. Ganz im Gegenteil – viele sind sogar äußerst nützlich.

Also, räumen wir mit den Gerüchten auf! Keine Biene, Wespe oder Hornisse auf diesem Planeten kann einen Menschen mit einem einzigen Stich töten – außer der Mensch ist

auf ihr Gift allergisch. Im Normalfall müsste dich eine durchschnittliche Honigbiene 10.000-mal piksen, um dich annä-
hernd ins Grab zu bringen. Und da Bienen schon nach dem
ersten Stich sterben, ist das äußerst unwahrscheinlich. (Außer du machst einen Bauchplatscher auf einen Bienenstock
und rollst dann damit durch die Gegend. Das will ich dir
nicht geraten haben.)

Aber da gibt es ja noch diese fiesen Killerskorpione! Das
heißt . . . nein, eigentlich gibt es keine »Killerskorpione«. Denn
genau wie bei ihren Cousinen, den Spinnen, wirkt das Gift der
meisten Skorpione nur auf Insekten, die sie im wahrsten Sinne
des Wortes zum Fressen gern haben. Außerdem lähmen die
meisten Gifte das Opfer, statt es gleich zu töten, und bei Menschen reicht es in der Regel bloß für eine kleine Schwellung
oder ein leichtes taubes Gefühl. Selbst der Gelbe Mittelmeer-
skorpion, der theoretisch einen gesunden, erwachsenen Menschen umbringen könnte, lässt nur selten genug Gift ab. Entsprechend sind die meisten Opfer von Skorpionen sehr jung,
sehr alt oder sehr krank. Übrigens gehören Spinnen und Skorpione zur selben Klasse von Tieren, den *Arachniden*. Auch
giftige Insekten, wie zum Beispiel Feuerameisen, Ölkäfer und
die haarigen Raupen des Eichenprozessionsspinners, können
uns Menschen zwar krank machen, aber umbringen? Keine
Chance.

Die einzige echte Gefahr haben wir schon angesprochen:
Allergien. (Okay, auch Zecken und Mücken sind auf ihre Weise gefährlich, aber dazu später mehr.) Für Allergiker können
schon harmlose Stiche oder Bisse lebensbedrohlich sein. Wer
allergisch ist, fürchtet sich daher völlig zu Recht vor Insekten.
Trotzdem sollte man nicht vergessen, dass die meisten Allergien nur auf ganz bestimmte Stoffe ansprechen, also zum Beispiel auf Bienengift, aber nicht auf Wespengift oder Hornis-
sengift. Und wenn es doch mal zu einer heftigen allergischen

Reaktion kommt, kann mit einer raschen Behandlung im
Krankenhaus das Schlimmste verhindert werden.

Die Wahrscheinlichkeit

Falls du nicht allergisch bist, musst du dir überhaupt keine
Sorgen machen, vom Stich einer Biene, Wespe oder Hornisse
getötet zu werden. Die Wahrscheinlichkeit liegt dann bei eins
zu 6.000.000. In anderen Worten: extrem, EXTREM unwahrscheinlich. Falls du doch allergisch bist, ist die Wahrscheinlichkeit deutlich höher – dann musst du dich wirklich vorse-
hen. (Jahr für Jahr sterben mehr Menschen an allergischen
Reaktionen auf Bienenstiche als an Spinnen- und Schlangen-
bissen zusammen.) Die restlichen Tierchen – Ameisen, Käfer,
Skorpione und überhaupt die meisten Insekten – können dir
praktisch kein Haar krümmen.

Alles in allem . . .

Ob es dir gefällt oder nicht, so schnell werden wir die Insekten
nicht los. Weltweit gibt es zwischen zehn und 30 Millionen
Arten, fünf von sechs Landbewohnern *sind* Insekten. Sie waren schon lange vor uns da und wahrscheinlich werden sie
immer noch da sein, wenn wir längst Geschichte sind. Wir
müssen wohl oder übel lernen, mit ihnen zu leben – und das
ist glücklicherweise gar nicht so schwer. Die allermeisten Insekten, die um uns herum krauchen, krabbeln oder kriechen,
können uns nämlich überhaupt nichts anhaben, egal ob sie
stechen, beißen oder nur komisch gucken. Also, ein Hoch auf
die lieben Krabbelviecher!

Okay, eine Gefahr geht doch von ihnen aus – und zwar ausgerechnet von klitzekleinen Insekten, deren Stiche und Bisse
wir kaum spüren: Zecken und Mücken. Nicht, weil sie besonders giftig wären, sondern weil sie manchmal gefährliche
Mikroorganismen mit sich herumtragen – und diese winzigen

Wesen können dann tödliche Krankheiten auslösen. Zecken verbreiten mitunter Lyme-Borreliose und Hirnhautentzündung, Mücken können Seuchen wie Malaria, Denguefieber und Gelbfieber mit sich herumschleppen. Und das ist nur eine bescheidene Auswahl.

Ein Glück, dass es kein Problem ist, sich vor den kleinen Fieslingen zu schützen. In Gegenden, wo viele Zecken und Mücken leben und nisten, musst du nur Arme, Beine und Kopf bedeckt halten und am besten ein gutes Insektenschutzmittel benutzen. Und wenn du von einer Wanderung durch Sümpfe, Wiesen oder Wälder heimkehrst, solltest du deine Haut nach blinden Passagieren absuchen. Erst neulich habe ich nach einem Spaziergang durch einen nahen Wald eine Zecke an meinem Hals entdeckt. Als ich sie endlich bemerkt und abgezupft habe, hatte sie schon so viel Blut gesoffen, dass sich ihr Körpergewicht vervielfacht hatte. Könnten Zecken grinsen, hätte sie mich wahrscheinlich sehr selbstzufrieden angegrinst. Nach kurzem Überlegen habe ich sie dann doch nicht getötet, sondern auf die Wiese vorm Haus geschmissen. Noch mal Glück gehabt, blöder Blutsauger!

Bist du auf Bienen oder Wespen allergisch, solltest du auf jeden Fall aufpassen, dass du nicht gestochen wirst. Aber auch allen anderen würde ich dasselbe raten, denn so ein Stich ist einfach nicht besonders angenehm. Hier sind ein paar Tipps:

- 🖐 Keine Parfüms und keine parfümierten Cremes auftragen, bevor du rausgehst. Bienen verwechseln den Geruch gern mit Blumenduft und kommen daher eifrig angeschwirrt ...

- 🖐 Keine Blumen pflücken und nicht barfuß durch den Garten laufen, wenn die Bienen gerade die umliegenden Blüten bestäuben.

- 🖐 Falls du auf ein Nest stößt – halt dich fern! Und ruf am besten jemanden an, der es sicher umsiedeln kann.

🖐 Süße Säfte oder Limos abdecken oder gleich im Haus lassen. Starker Zuckerduft lockt Wespen aus Kilometern Entfernung an.

Bis auf ein paar wenige Ausnahmen sind Insekten und Spinnentiere nicht nur absolut ungefährlich, sondern auch noch unheimlich nützlich. Wir sollten wirklich dankbar sein, dass es die kleinen Viecher gibt. (Ja, auch die Wespen!) Ohne Insekten sähe die Natur ganz anders aus – sie gärtnern für uns (indem sie Pflanzen bestäuben, Schädlinge abmurksen und abgestorbene Pflanzen fressen), sie kümmern sich um Tiermist und düngen die Erde. Außerdem schenken sie uns Honig, Seide, Farbstoffe, Arzneimittel und vieles andere. Ja, ohne Insekten und Co. wäre es auf der Welt nicht halb so schön, und wenn man mal darüber nachdenkt, sieht man die Tierchen gleich mit ganz anderen Augen. Also, wie wär's? Warum versuchen wir nicht mal, uns zu vertragen?

Horrortrip mit Hornissenhorde

Als ich dreizehn war, fuhren wir – meine Eltern, mein Bruder und ich – mit dem Auto nach Norditalien, wo meine Schwester schon seit zwei Jahren lebte. Wir wohnten in einem alten Bauernhaus mitten in einem Weingut – gelbliche Steinmauern, dicke Holztüren, wunderschöne Bäume, Blumen und Kletterpflanzen. Eines Abends saßen mein Bruder und ich mit unseren Zeichenblöcken draußen vor der offenen Tür. Wir versuchten, eine wilde Blumenhecke abzumalen, und fühlten uns dabei wie richtige Künstler. Als wir eine halbe Stunde vor uns hin gekritzelt hatten, tauchten zwei oder drei kleine Vögel auf und flatterten um die Blüten herum. Vögel mit dicklichen, gelb-schwarz gestreiften Körpern und Augen, die im Dunkeln leuchteten . . .

»Schau mal, Kolibris!«, rief mein Bruder. »Sind die nicht schön? So was gibt's bei uns in England nicht.«

Ich schüttelte den Kopf. »Ich glaube, solche Kolibris gibt's überhaupt nirgendwo. Das sind eher . . . große Wespen oder so.«

»Quaaaaatsch«, erwiderte mein Bruder, »so große Wespen gibt's gar nicht. Außer es sind Hornissen. Aber nee, *so* groß werden Hornissen auch wieder nicht, oder?«

»Also ich will es lieber nicht am eigenen Leib herausfinden. Zumindest nicht jetzt«, sagte ich und stand vorsichtig auf. Ohne die Hornissen aus den Augen zu lassen, zog ich mich ins Haus zurück, jederzeit bereit, sofort loszurennen. Und das tat ich dann auch, bis ich im Wohnzimmer angekommen war.

»Papa! Papa! Da draußen sind Hornissen!«, keuchte ich. »Richtige Riesenhornissen!«

»Quaaaaatsch«, erwiderte mein Vater genau wie vorher mein Bruder. »In Italien gibt's keine Hornissen.«

Aber er wollte trotzdem selber nachsehen. Also schnappte er sich sein Bierglas und ging in den Flur. Unterdessen war mein Bruder zu dem Schluss gekommen, dass es sich bei seinen »Kolibris« vielleicht doch um Hornissen handeln könnte. In der Zwischenzeit

hatten sie sich außerdem stark vermehrt – mittlerweile schwirr-
ten 20 oder 30 Stück herum! Deshalb nahm mein Bruder sein Glas
und wich genau wie ich langsam zurück. Doch als er sich gerade
von den surrenden Hornissen abwandte, kratzte eine Weinrebe
über seinen Arm – und er dachte, eins von den Viechern hätte ihn
hinterrücks angegriffen! Kein Wunder, dass er einen Schrei aus-
stieß und dermaßen zusammenzuckte, dass er das Glas über die
Schulter in den Flur schleuderte. Als er das sah, brach mein Vater
in brüllendes Gelächter aus, bezeichnete meinen Bruder als »kleinen Hosenscheißer« und drückte sich an ihm vorbei durch die Tür,
um sich diese angeblichen Hornissen aus der Nähe anzuschauen.
Er erstarrte.

»Um Himmels willen!«, schrie er und zog
sich ebenfalls schleunigst zurück –
und was dann geschah, hätte
man sich kaum besser aus-
denken können: Er strich mit
dem Arm über dieselbe Weinrebe, die natürlich immer
noch neben der Tür wucherte,
stieß denselben Schrei aus und
pfefferte sein Glas genau wie
mein Bruder über die Schulter in
den Flur. Wir beide lachten, bis uns die Tränen herunterliefen, und
schließlich lachte unser Vater mit.

Am nächsten Tag erzählten wir dem Besitzer des Bauernhauses
von unserem Abenteuer. Er verständigte dann einen Fachmann,
der das Hornissennest aufstöberte und entfernte. »Ein paar Stiche
von den Viechern«, erklärte er, »und ihr wärt im Krankenhaus gelandet.« Damit hatte er wahrscheinlich recht – aber man darf
nicht vergessen, dass die Hornissen überhaupt keine Anstalten
gemacht hatten, uns zu stechen. Ich schätze, wir hätten genauso
gut sitzen bleiben und weitermalen können. Aber ein Gutes hatte
es doch: Wenn ich heute an Hornissen denke, zucke ich nicht
mehr zusammen. Sondern ich lache.

2. Naturkatastrophen

Groß + Überraschend = Beängstigend

Warum sind manche Dinge so gruselig, dass es uns schon beim bloßen Gedanken daran kalt den Rücken hinunterläuft? Warum zucken manche Leute beim leichtesten Beben der Erde oder beim fernsten Donnergrollen zusammen, obwohl sie noch kein einziges Erdbeben und keinen einzigen Wirbelsturm erlebt haben und noch nie vom Blitz gegrillt worden sind? Und warum bleiben andere total cool, während der Rest schreiend die Flucht ergreift?

Die Antwort liegt in unserem Kopf. Genauer gesagt: in unserem Gehirn.

Angst besteht nämlich sozusagen aus zwei Teilen, die aber beide im Gehirn ausgelöst und erzeugt werden. Da ist einmal die direkte, körperliche Reaktion. Meistens reagiert der Körper auf etwas, das er mit den Sinnesorganen wahrnimmt – also sieht, hört, riecht, berührt oder schmeckt. Vielleicht bist du glücklich, wenn du Vögel vorm Fenster singen hörst. Oder eher wenn du ein Stück Schokolade auf der Zunge schmeckst? Egal, auf jeden Fall reagiert dein Körper auf solche Erfahrungen. Manche dieser instinktiven Reaktionen, wie das Lächeln auf deinen Lippen, kann man sogar sehen, andere laufen unsichtbar ab.

Genauso funktioniert es mit weniger schönen Erlebnissen. Wenn du auf der Straße ausrutschst und auf die Nase fällst, bist du wahrscheinlich erst mal ziemlich überrascht. Vielleicht reißt du die Augen auf und

stößt einen kurzen Schrei aus; dann kann man deine
Überraschung sogar sehen und hören. Und wenn du
bei deinem Sturz auch noch eine Schnecke mit dem
Schuh zerdrückst, ekelst du dich eventuell so sehr,
dass du den Mund verziehst.[*]
Und was ist mit unserem Lieblingsgefühl, der Angst?
Die hat ihre eigenen körperlichen Reaktionen: Die
Hände schwitzen, die Pupillen erweitern sich, das
Herz schlägt schneller. Wenn es richtig gruselig wird,
fängt man an zu zittern, erstarrt oder fällt gleich in
Ohnmacht und im schlimmsten Fall macht man sich
vor Angst in die Hose (groß oder klein . . .). Die Reaktion hängt ganz davon ab, wie heftig der Auslöser
(oder Stimulus) des Gefühls ist. Stell dir vor, du hast
die Schnecke von vorhin nicht am Schuh, sondern im
Mund – noch ein bisschen ekliger, was? Bei typischen
Angst-Auslösern ist es dasselbe: Ohrenbetäubender
Donner ist furchterregender als ein platzender Luft-
ballon. Und noch etwas: Je überraschender der Auslöser kommt, desto größer die Angst. Wenn du den Ballon selber platzen lässt, wirst du kaum vor Schreck in
die Höhe springen. Doch wenn sich jemand von hinten anschleicht und den Ballon direkt an deinem Ohr
platzen lässt, gehst du gleich mit in die Luft.
Aber das kann man sich doch alles denken!
Stimmt schon. Doch sind diese instinktiven, sichtba-
ren und unsichtbaren körperlichen Reaktionen eben
nur die eine Seite der Angst.
Die körperlichen Reaktionen müssen nämlich noch
verarbeitet werden. Das geschieht in einem anderen
Teil des Gehirns, mehr so am Rand und vorne als in

---

[*] Übrigens schreien die allermeisten Menschen in solchen Situationen »Iiieeehhh!«
oder »Bääähhh!«. Anscheinend bedeutet das in allen Sprachen der Welt so viel wie
»Mann, ist das eklig!«.

der Mitte. Und damit können wir endlich erklären, warum Menschen auf dieselben Auslöser oder Stimuli* ganz unterschiedlich reagieren.

Schauen wir uns das Ganze an einem Beispiel an: Naturkatastrophen. Was könnte größer und überraschender sein als ein Wirbelsturm oder ein Erdbeben? Kein Wunder, dass Naturkatastrophen allen Menschen Angst einjagen und die entsprechenden körperlichen Reaktionen auslösen. Aber deshalb müssen wir noch lange nicht pausenlos in Angst und Schrecken leben. Zugegeben, Naturkatastrophen sind verdammt gefährlich – aber es ist ziemlich unwahrscheinlich, von einem Blitz getroffen zu werden, und Wirbelstürme kommen in den meisten Ländern überhaupt nicht vor. Ja, selbst in Gegenden, wo große Stürme ziemlich häufig sind, kann man durch ein paar einfache Vorsichtsmaßnahmen auf Nummer sicher gehen. Und dann muss man keine Angst mehr haben.

Es kommt also auf zwei Dinge an: 1. Bescheid zu wissen und 2. vorbereitet zu sein. Das ist der ganze Unterschied. Wenn du weißt, wie Stürme und Erdbeben funktionieren und wie du dich im Fall des Falles verhalten musst, fühlst du dich auch gleich anders. Die Auslöser der Angst verschwinden nicht, dein Körper reagiert immer noch instinktiv, aber du gehst anders damit um. Die logische, denkende Hälfte deines Gehirns schaltet sich ein und »überstimmt« die instinktive Hälfte. Zumindest zum Teil.

Wahrscheinlich werden wir die Angst nie ganz besiegen. Aber wir können selbst bestimmen, wie wir sie erleben.

---

* Ja, *Stimuli* ist die Mehrzahl von *Stimulus,* genau wie *Funghi* und nicht *Funghuse* für eine Handvoll Pilze steht. Aber die Mehrzahl von *Oktopus* ist nicht *Oktopi,* sondern *Oktopoden.* Verwirrend, was? Und alles wegen der doofen Altgriechen!

BLITZ UND DONNER
Lange Leitung

Mir hatte ja keiner gesagt, dass man nicht telefonieren darf, wenn es draußen stürmt! Und so wollte ich gerade eine Pizza bestellen, als mir auffiel, dass es immer lauter donnerte. Und immer heller blitzte. Und das immer häufiger. Als Nächstes hörte ich ein Rauschen in der Leitung, das ebenfalls immer lauter und lauter wurde. Darauf folgte ein enormer Knall und im selben Moment entdeckte ich eine helle weiße Kugel neben meinen Füßen, eine Art gezackter, leuchtender Fußball. Die Kugel schleuderte mich quer durch den Raum und für ein paar Sekunden wurde alles schwarz.

Als mein Sohn in die Küche gestürzt kam, lag ich immer noch auf dem Boden.

Blitzopfer »Missy« aus den USA

Die Angst

Astraphobie, die Angst vor Blitz und Donner, gibt es überall auf der Welt. Und das mit Recht: Blitze sind wirklich extrem gefährlich. Erst einmal ist so ein Blitz über 30.000 Grad heiß, also fünf- bis sechsmal so heiß wie die Oberfläche der Sonne! Dann bewegt er sich auch noch so schnell, dass ihm nicht mal ein Ninja ausweichen könnte. Und schließlich liegt die elektrische Spannung eines einzigen Blitzschlags bei über einer Milliarde Volt, mit einer Stromstärke von bis zu 160.000 Ampere – eine Glühbirne könnte man damit gut drei Monate lang leuchten lassen. Ja, der Strom eines Blitzschlags ist zwei bis drei *Millionen* mal stärker, als er sein müsste, um dich zu töten!

Außerdem sind Blitze einfach unfair. Sie zerreißen Häuser oder Autos und treffen ganze Menschenmengen auf einmal. Selbst wenn der eigentliche Blitzschlag danebengeht, kann

der Blitz immer noch von anderem
Zeug abprallen und auf dich
überspringen. Oder er tun-
nelt durch die Erde
und brutzelt dich
von unten. Ja, sogar
wenn er dich gar
nicht direkt er-
wischt, kann die ex-
plodierende Luft ei-
ne Druckwelle aus-
lösen – die dich von
den Füßen haut, dir die
Rippen bricht oder dein
Trommelfell platzen lässt. Und

was ist, wenn du in einem Flugzeug hockst, das plötzlich vom
Blitz getroffen wird? Dann geht es doch sicher in Flammen
auf und fällt runter? Und wenn du in einem fahrenden Auto
sitzt, wischt es dich dann von der Straße? Ich meine, wenn
dich der Blitz sogar durch die Telefonleitung in deinem eigenen Zimmer braten kann, gibt es doch gar kein Entkommen
mehr! Okay, man könnte sich ein schnurloses Telefon zule-
gen. Aber trotzdem: Aaaaahhhhh!

Die Realität

Ich will dir nichts vormachen: Blitze sind wirklich brandge-
fährlich. In riesigen Wolkengebirgen laden sich immer mehr
Teilchen elektrisch auf, bis sich so viel Spannung angestaut
hat, dass es die Luft wortwörtlich zerreißt – der Blitz bewegt
sich mit einer Geschwindigkeit von über 200.000 km/h und
erreicht Temperaturen, bei denen Eisen schmilzt. Da will man
echt nicht in die Quere kommen.

Wie die meisten Tiere haben auch wir im Lauf der Jahrtausende eine natürliche Angst vor zuckenden Blitzen und grollendem Donner entwickelt. Kein Wunder, denn für die Gesundheit unserer Vorfahren war es sicher sehr vorteilhaft, sich beim ersten Anzeichen eines Gewitters zu verkriechen. Entsprechend lösen der Riesenkrach, den so ein Blitz macht, seine heftige elektrische Spannung und seine extrem heiße Temperatur auch heute noch instinktive Angst aus. Aber wenn wir ein bisschen mehr über Blitze wissen, müssen wir trotzdem nicht beim ersten Donnerschlag unterm Bett verschwinden.

Zunächst gibt es ganz verschiedene Arten von Blitzen: Blitze von der Wolke zum Boden, von Wolke zu Wolke, in der Wolke, von der Wolke zur Luft und schließlich Kugelblitze. Aber egal welche Sorte, Blitze treten überhaupt nur in (oder in der Nähe von) Gewitterwolken auf, sogenannten *Kumulonimbuswolken* – riesigen, düsteren, hoch aufgetürmten Wolkengebirgen, die ziemlich leicht zu erkennen sind. Weshalb es auch ziemlich leicht ist, sich davon fernzuhalten, und dann ist auch schon alles paletti. Ich weiß, das klingt viel zu einfach, aber es ist die reinste Wahrheit: Solange du bei Gewittern im Haus bleibst, können dir Blitze praktisch nichts anhaben.

Warum? Weil Blitze faul sind. Wolke-zu-Boden-Blitze – und von den anderen haben wir sowieso nichts zu befürchten – haben die Aufgabe, die Gewitterwolke *durch die Luft* mit der Erde zu verbinden, um die angestaute Elektrizität zu entladen. Aber leider ist Luft kein besonders guter Stromleiter! Was bleibt dem Blitz also anderes übrig, als sich das höchste Ziel in der Gegend auszusuchen? Dann hat er es wenigstens nicht so weit! Deshalb schlagen Blitze oft (aber nicht immer) in Türme, hohe Gebäude oder Bäume ein. Durch Mauern oder Holz strömt es sich einfach viel bequemer als durch Luft. Wie gesagt, Blitze sind faul – sie haben keine Lust, sich weiter als unbedingt nötig durch die Luft zu kämpfen, nur um einen Menschen zu brutzeln, der näher am Boden ist.

Aus diesem Grund kann man sich in den eigenen vier Wänden auch beim heftigsten Gewitter ziemlich sicher fühlen.
Sollte der Blitz tatsächlich ins Haus einschlagen, wandert er
gemütlich durch die Wände in die Erde; noch gemütlicher hat
er es, wenn die Wände praktische Metallrohre oder Stromlei-
tungen enthalten. Und bei uns sind die meisten Wohnhäuser
sowieso mit einem Blitzableiter ausgestattet. Also: Warum
sollte er den Umweg durch die Luft in deinem Zimmer in Kauf
nehmen, nur um dich und deine Freunde zu erwischen? Außer
du tust ihm den Gefallen, dich über ein Telefonkabel oder ein
anderes elektrisches Gerät mit der Stromleitung zu verbinden – dann baust du ihm praktisch eine Schnellstraße direkt in
deinen Körper.

Falls das Gewitter so plötzlich aufzieht, dass du es nicht
mehr ins Haus schaffst, tut es auch ein Auto oder ein Flugzeug. Ehrenwort! Ein Auto ist quasi ein großer Metallkäfig,
der die elektrische Ladung um dich herumleitet – die Reifen
können schmelzen, die elektrischen Leitungen durchbrennen,
der Motor kann futschgehen, aber du bleibst unversehrt. Und
Flugzeuge sind sogar noch sicherer: In ihre Außenwand ist eine spezielle Metallschicht eingebaut, die den Blitzschlag um
die Passagiere und die leicht entzündlichen Tanks herumleitet. Da haben sich die Damen und Herren Ingenieure also
durchaus Gedanken gemacht. Tatsächlich schlagen andauernd Blitze in Flugzeuge ein – nur bekommt das kaum jemand
mit!

Die Wahrscheinlichkeit

Und wie wahrscheinlich ist es jetzt, vom Blitz getroffen zu
werden? Kommt ganz drauf an, wo du wohnst, wie viele Gewitter es in der Gegend gibt und wie oft du draußen bist. Entsprechend liegt die Wahrscheinlichkeit irgendwo zwischen
eins zu 80.000 (extrem unwahrscheinlich) und eins zu

400.000 (absolut total hammerunwahrscheinlich). Welche
Zahl auf dich zutrifft, hängt natürlich auch davon ab, wie du
dich bei Gewittern verhältst.

Weltweit kommen jährlich etwa 10.000 Menschen durch
Blitzschläge ums Leben – mehr als durch Überschwemmungen und mieses Wetter anderer Art. Doch die meisten Opfer
machen den Fehler, während des Gewitters draußen zu sein:
Sie arbeiten auf dem Feld, gehen wandern, angeln, segeln
oder golfen oder turnen auf irgendwelchen Sportplätzen herum. Zieht man diese »Extremsportler« und »Extrembauern«
ab, bleiben nur noch ein paar Hundert Blitzopfer im Jahr
übrig. Gar nicht mal so viele bei fast sieben Milliarden Menschen auf der Erde, was? Außerdem erwischt es nicht mal ein
Prozent der Opfer im Haus und von denen hängen die meisten
an der Strippe. Also: Finger weg vom Telefon, wenn es draußen gewittert (erst recht, wenn ihr keinen Blitzableiter habt)!
Außer es ist ein schnurloses Telefon . . .

Alles in allem . . .

Ja, Blitze sind ziemlich beängstigend, aber deshalb musst du
noch lange keine Angst haben. Du musst nur aufpassen. Solange du nicht vergisst, was Blitze anrichten können, und dich
entsprechend verhältst, brauchst du dir keine Sorgen zu machen. Jetzt, wo du Bescheid weißt (und dich beim nächsten
Sauwetter am besten an dein wertvolles Wissen erinnerst),
kannst du zumindest ein Stück weit selbst bestimmen, wie du
dich bei einem Gewitter *fühlst*. Nicht, dass dich Blitz und Donner nun völlig kaltlassen würden – beim ersten Donnergrollen
spannt sich dein Körper wahrscheinlich immer noch an, vielleicht atmest du auch ein bisschen schneller. Aber das sind
bloß *körperliche Reaktionen*. Wie du dich nach diesem ersten
Schock *fühlst*, wie du das Gewitter im Kopf *erlebst*, hängt
ganz von dir ab. Indem du dir ins Gedächtnis rufst, woher

Blitze kommen und wie du dich am besten vor ihnen schützt,
kannst du deine Gefühle kontrollieren. Und mit der Zeit, nach
und nach, vergeht die Angst.

Also, wie schützt man sich am besten vor Blitzschlägen?
Vor allem solltest du dir schon beim ersten leisen Donnern einen Unterschlupf suchen. Du musst nicht gleich in Panik verfallen, aber du darfst auch nicht warten, bis es angefangen hat
zu regnen, denn manchmal kommt der Blitz vor dem Regen-
guss.

Wenn du willst, kannst du dir sogar ausrechnen, wie weit
das Gewitter noch entfernt ist. Dazu musst du nur die Sekunden zwischen Blitz und Donner zählen und mit 340 malneh-
men. Wie das funktioniert? Nun, Licht bewegt sich unheimlich schnell, der Schall bewegt sich deutlich langsamer, nämlich nur mit 340 Metern pro Sekunde. Wenn der Schall – also
der Donner – nach dem Blitz zwei Sekunden braucht, um zu
dir zu wandern, war das Gewitter in diesem Augenblick also
noch etwa 680 Meter entfernt.

Doch diese Rechenaufgabe solltest du keinesfalls im Freien
lösen. Nein, da solltest du längst im Haus sein und dort auch
bleiben, bis sich das Gewitter *vollständig* verzogen hat. *Vollständig*, weil der Rand einer Gewitterwolke die meisten Don-
nerschläge ausspuckt. Anfang und Ende eines Gewitters sind
daher besonders gefährlich. Du denkst dir: Ach, es ist doch
noch ein Stückchen weg oder: Ist schon vorbei! – und zack,
hat es dich gebrutzelt.

Wenn du beim Angeln, Schlauchbootfahren oder Sporteln
von einem Gewitter überrascht wirst, solltest du unbedingt
reingehen. Vielleicht kommt es besonders cool oder »extrem«
rüber, gerade dann weiterzumachen, aber glaub mir: Genau
solche Machos (oder »Macheusen«) enden wie die circa 10.000
Blitzopfer im Jahr. Und noch ein sehr wichtiger Hinweis: Ein
Baum ist kein Unterschlupf! Zumindest kein passender Unter-

schlupf bei Blitz und Donner, auch wenn du unter dem schüt-
zenden Blätterdach vielleicht nicht ganz so nass wirst. Ganz
im Gegenteil – Bäume ziehen Blitzschläge an, und wenn du
dann zufällig darunter stehst: viel Glück.

Und was, wenn du keine Chance hast, dem Gewitter zu entkommen? In solchen Fällen raten die meisten Experten, sich
auf den Boden zu kauern und die Knie mit den Armen zu um-
schlingen. So bist du ein möglichst kleines Ziel für den Blitz,
und wenn er trotzdem in deinen Kopf oder Hals einschlägt,
hat er es wenigstens nicht so weit bis zur Erde. Vielleicht
kommst du dann sogar ohne schlimmere Verbrennungen oder
Nervenschäden davon. Aber das ist wirklich nur der allerletzte
Ausweg. Selbst wenn du dich zu einem klitzekleinen Ball zu-
sammenrollst, ähnelst du hinterher vielleicht eher einem klitzekleinen Klumpen Kohle. Okay, es *kann* auch gut gehen, aber
ich würde mich lieber nicht als Versuchskaninchen zur Verfü-
gung stellen.

Zum Schluss noch eine aufmunternde Tatsache, die ich zuerst selbst kaum glauben konnte: Die meisten Blitzopfer überleben – ganze 70 bis 95 Prozent! Viele tragen sogar nur ein
paar Verbrennungen und Kratzer davon.

Trotzdem, man muss ja nicht *alles* ausprobieren, oder?

Furchterregende Fakten

Große Passagierflugzeuge werden durchschnittlich mindestens einmal im Jahr vom Blitz getroffen. Damit muss
ein Jumbojet mit einer gewöhnlichen Lebensspanne von
100.000 Starts und Landungen insgesamt mehr als 30
Blitzschläge wegstecken!

HURRIKANE UND SUPERSTÜRME
Katrinas Zorn

Am 29. August 2005 zerschmetterte Katrina, einer der schlimmsten Hurrikane aller Zeiten, die Südküste der USA. Über die nächsten zwei Tage zog sie eine 200 Kilometer breite Spur der Verwüstung durch Louisiana, Mississippi, Alabama, Tennessee, Kentucky und Ohio. Überall wurden Häuser überschwemmt und zerstört, am schlimmsten traf es die Hafenstadt New Orleans. Dort erreichte der Wind Geschwindigkeiten von über 200 km/h. Die Flut überwand die Dämme im Norden und setzte 80 Prozent der Stadt unter Wasser, über 200.000 Häuser wurden vernichtet.

Am Ende belief sich der Schaden auf über 125 Milliarden Dollar, noch mehr als nach Hurrikan Andrew im Jahr 1992 mit seinen 21 Milliarden. Damit hat Katrina die größten Zerstörungen seit Beginn der Aufzeichnungen angerichtet. Doch was die Zahl der Todesopfer angeht, können weder Katrina noch Andrew mit dem Hurrikan mithalten, der im Jahr 1900 über die Insel Galveston vor der texanischen Küste fegte: Die Insel wurde dem Erdboden gleichgemacht, zwischen 6.000 und 12.000 Menschen kamen ums Leben. »Den Ereignissen vom 8. September 1900«, sagte ein Journalist aus Galveston, »konnte kein Bericht der Welt gerecht werden. Angesichts des tödlichen Hurrikans, der das Gesicht der Golfküste für immer veränderte, fanden viele überhaupt keine Worte mehr.«

Die Angst

Kreischender Wind entwurzelt Bäume und reißt die Dächer von den Häusern. Wasser schießt in dein Zimmer, bis du unter der Zimmerdecke ersäufst – wenn es dich nicht gleich auf die Straße spült, wo du in einem Strudel aus Schlamm, Sand und Schutt versinkst. Ja, man kann sich kaum etwas Beängstigenderes vorstellen, als mitten in einem Supersturm gefangen zu sein. Wahrscheinlich hast du in den Nachrichten gesehen, was die letzten Taifune und Hurrikane in Asien, Amerika und Australien angerichtet haben. Normale Stürme sind gruselig – Superstürme sind supergruselig.

Die Realität

Tja, mit Stürmen ist wirklich nicht zu spaßen und erst recht nicht mit ihren großen Brüdern, den Taifunen, Hurrikanen und Zyklonen. Der durchschnittliche Hurrikan hat einen Durchmesser von 550 Kilometern. Innerhalb von 24 Stunden setzt er mehr Energie frei als alle Kraftwerke der Erde zusammen. Aber am schlimmsten ist, dass Superstürme ganz verschiedene Gefahren aus dem Hut zaubern – also nicht nur Windgeschwindigkeiten von bis zu 240 km/h, sondern auch noch riesige Flutwellen und Springfluten, die durch den dazugehörigen Starkregen ausgelöst werden.

Tropischer Wirbelsturm? Zyklon? Hurrikan? Alles klar?

Sturm: ein Ungleichgewicht in der Atmosphäre, das sich auf die Erdoberfläche auswirkt – meist durch heftige Winde und starken Regen, manchmal auch durch Donner, Blitz, Eisregen, Schnee oder Hagel. Wird ab Windstärke zwölf als Orkan bezeichnet.

Tropischer Wirbelsturm: ein rotierendes Sturmsystem, das sich über tropischen und subtropischen Gewässern bildet. Tritt je nach Entstehungsgebiet in verschiedenen Varianten auf und heißt entsprechend anders. Geht erst ab 120 km/h Windgeschwindigkeit als waschechter Wirbelsturm durch.

Zyklon: ein tropischer Wirbelsturm über dem Indischen Ozean oder Südpazifik.

Taifun: ein tropischer Wirbelsturm über dem nordwestlichen Pazifik.

Hurrikan: ein tropischer Wirbelsturm über dem Atlantik oder nordöstlichen Pazifik.

Kommen wir zu den guten Nachrichten. Ja, die gibt's auch! Von allen heftigen Stürmen oder sogar Wirbelstürmen, die Jahr für Jahr übers Land fegen, fallen nur etwa ein Drittel in die Kategorien drei, vier oder fünf auf der Saffir-Simpson-Hurrikan-Skala. Das sind Stürme mit Windgeschwindigkeiten von über 180 km/h, die Häuser einreißen und gefährliche Springfluten auslösen. Die meisten Tropenstürme gehören zu den Kategorien eins und zwei. Mit Windgeschwindigkeiten zwischen 120 und 180 km/h sind sie auch nicht von Pappe, aber meistens entwurzeln sie »nur« ein paar Bäume, drücken ein paar Fenster ein und setzen ein paar Straßen unter Wasser. In den letzten 100 Jahren hat es bloß eine Handvoll Stürme der Kategorie fünf gegeben – die richtig, richtig, *richtig* üblen Superstürme sind also glücklicherweise eher selten.

Und selbst wenn ein solcher Monstersturm zuschlägt, schrottet er meist nicht gleich ganze Häuser. Wer vorsichtshalber hurrikansichere Fenster, Rollläden und Dachbalken anbringen lässt, kann es sich beim nächsten Wirbelsturm erst recht im eigenen Wohnzimmer gemütlich machen.

Aber die eigentliche Gefahr ist gar nicht der Wind – sondern das Wasser! Plötzliche Überschwemmungen, die durch starken Wind und Regen ausgelöst werden, fordern die meisten Todesopfer. Um dich davor zu schützen, musst du im Notfall schnell und bedacht handeln. Das Gute ist, dass tropische Wirbelstürme zwar enorm kraftvoll, aber auch ziemlich langsam sind. Deswegen ist es für Wetterexperten eigentlich kein Problem, die Ungeheuer aufzuspüren und ihren Weg vorauszusagen – schließlich sind die Dinger so groß, dass man sie kaum übersehen kann. Durch diese Vorhersagen hat man die Chance, sich aus dem Staub zu machen, *bevor* der Wirbelsturm eintrifft, und das ist immer noch die beste Lebensversicherung. Wenn du immer brav die Wettervorhersage guckst und ganz besonders auf Sturmwarnungen achtest, bist du längst über alle Berge, wenn der nächste Supersturm angerollt kommt.

Die Wahrscheinlichkeit

. . . in einem Supersturm umzukommen (einschließlich der Chance, vom dazugehörigen Hagel, Blitz oder Tornado erwischt zu werden oder im Hochwasser zu ersaufen), beträgt etwa eins zu 50.000. Auch hier kommt es ganz darauf an, ob du an der Küste oder im Landesinneren wohnst und ob deine Heimat öfter von Hurrikanen oder Taifunen heimgesucht wird (wie der Südosten der USA und das südwestliche Japan). Aber noch entscheidender ist, ob du rechtzeitig über aufziehende Stürme informiert wirst und notfalls rasch fliehen kannst. Wenn du alle Zeit der Welt hast, dich beizeiten zu verdrücken, sinkt die Wahrscheinlichkeit praktisch auf null.

Alles in allem . . .

Die Bewohner vieler Erdteile werden sich auch in Zukunft zu Recht vor Superstürmen fürchten. Wahrscheinlich wird man nie ganz verhindern können, dass hin und wieder Häuser und Fabriken von Hurrikanen, Taifunen oder Zyklonen in Schutt und Asche gelegt werden. Doch man kann die Ungeheuer sehr wohl früh genug aufspüren. Man kann sie im Auge behalten und bedrohte Menschen rechtzeitig warnen. Radartechnologie und Computersoftware zum Verfolgen von Wirbelstürmen entwickeln sich stetig weiter, sodass wir mit immer genaueren Informationen bewaffnet sind. Und wenn wir akzeptieren, dass der Sturm stärker ist als wir, und uns im Notfall rasch zurückziehen, müssen wir nicht in ständiger Angst leben. Außerdem können wir (wie bei allen Naturkatastrophen) Vorkehrungen treffen: die Wände verstärken, einen Fluchtweg planen und einen Notvorrat an Essen und Ausrüstung anlegen, falls wir im Haus eingeschlossen werden. Wenn man das alles macht, sinkt die Lebensgefahr durch Superstürme von »sehr niedrig« auf »extrem niedrig«. Wer gut vorbereitet ist, muss keine Angst haben.

Mein erster Taifun und ich

Im September 2000 habe ich meinen ersten Supersturm erlebt. Ein paar Monate zuvor, im Juli, war ich nach Japan gezogen – ausgerechnet einen Monat vor Beginn der offiziellen »Taifunsaison«, also der beiden Monate, in denen die meisten Taifune über Japan hereinbrechen … Aber ich war ja in England aufgewachsen und hatte daher keinen blassen Schimmer, was das zu bedeuten hatte. Das heißt, als ich zwölf war, war einmal ein kleiner Hurrikan der Kategorie eins über Kent hinweggezogen. Aber den hatte ich verschlafen. Und als ich aufwachte, fragte ich mich, warum meine Eltern mit Kerzen in der Hand herumliefen. Woher sollte ich wissen, dass der Strom ausgefallen war? Egal. An dem schönen Nachmittag, als mein erster Taifun über die Stadt Tsukuba hinwegfegte, war ich jedenfalls gerade einkaufen – und ich unterschätzte den Sturm komplett. Aber so was von. Als ich das Einkaufszentrum verlassen wollte, versperrten mir auf einmal Hunderte von Japanern den Weg; sie standen in der Tür und wollten einfach nicht raus, nur weil draußen ein bisschen Wind wehte. »Was soll das denn?«, fragte ich mich. »Das ist doch halb so wild. Außerdem muss ich die Eiscreme schleunigst ins Gefrierfach bringen, so eine Kühltasche hält nicht ewig kalt!« Und so ignorierte ich die entrüsteten Warnungen der Einheimischen und drückte mich durch die Menschenmenge ins Freie. In den Taifun.

Tische und Stühle vom benachbarten Café schossen an meinem Kopf vorbei, Blitze schlugen keine 100 Meter entfernt ein, während ich mich gegen den Wind stemmte und Schritt für Schritt

vorwärtsstolperte. Nach einem knappen Kilometer jagte mir ein lauter Donnerschlag einen solchen Schrecken ein, dass ich die Beine in die Hand nahm und (natürlich mit meinen kostbaren Einkaufstüten) zum nächsten Hotel sprintete. Dort hatte mich schon ein uniformierter Wachmann entdeckt. *»Gaijin-san! Hayaku! Kochi! Kochi!«* – »Schnell, Herr Ausländer, hier rein! Hier rein!«, rief er mir zu, wedelte mit den Armen und zerrte mich ins Foyer. Der Typ muss mich für einen kompletten Vollidioten gehalten haben.

In diesem Hotel saß ich dann eineinhalb Stunden lang, während sich draußen der Taifun austobte. Erst dann wagte ich mich wieder ins Freie. Als ich langsam in die Nähe meines Wohnblocks vordrang, entdeckte ich mitten auf der Straße eine klitschnasse Hose. Und noch eine Hose. Und ein T-Shirt. Und eine einzelne, einsame Socke. Und das Dumme war, dass mir diese Kleidungsstücke allesamt bekannt vorkamen. Sehr bekannt. Da fiel es mir wie Schuppen von den Augen: Ich hatte meine gesamte Wäsche zum Trocknen auf den Balkon gehängt – und der Taifun hatte sie fein säuberlich in der Nachbarschaft verteilt. Nett von ihm, was? Was soll's. Immerhin konnte ich mich mit der leckeren Eiscreme trösten.

VULKANE, ERDBEBEN, TSUNAMIS
Mount St. Helens geht in die Luft

Am 18. März 1980, um exakt 8.32 Uhr, kam es direkt unter dem Mount St. Helens zu einem Erdbeben der Stärke 5,1 auf der Richterskala. Binnen Sekunden leitete dieses Beben einen gigantischen Vulkanausbruch ein: Die gesamte Nordflanke des Bergs explodierte. Die folgende Lawine aus Stein und Schutt, eine der gewaltigsten aller Zeiten, schoss mit einer Geschwindigkeit von beinahe 100 km/h in die Tiefe. In der Gefahrenzone stieg die Temperatur sprunghaft auf über 280 Grad Celsius. Eis und Schnee auf dem Gipfel des Mount St. Helens schmolzen in Sekundenschnelle und ergossen sich als rasender Sturzbach über die Hänge ins Tal. Was ihnen in die Quere kam, hatte nicht den Hauch einer Chance.

Die Angst

Du versinkst in einem Fluss kochender Lava, der dich gleichzeitig erstickt und verbrennt. Du wirst in einem einstürzenden Haus eingeschlossen. Du plumpst in eine gähnende Felsspalte, die sich urplötzlich unter deinen Füßen auftut. Oder du wirst von einer riesenhaften Flutwelle, einem Tsunami, plattgemacht.

Die wenigsten dürften ein Erdbeben, einen Tsunami oder einen Vulkanausbruch am eigenen Leib erlebt haben – und die meisten fänden es wahrscheinlich gut, wenn es auch dabei bliebe. Das verheerendste Erdbeben seit Beginn der Aufzeichnungen ereignete sich 1556 in der chinesischen Provinz Shaanxi – 830.000 Menschen kamen dabei ums Leben. Und der bis 2011 verheerendste Tsunami seit Beginn der Aufzeichnungen suchte im Dezember 2004 Indonesien, Thailand und Sri Lanka heim – er forderte 225.000 Opfer. Die schrecklichen Folgen des Tsunamis, der im März 2011 durch ein schweres

Erdbeben in Japan ausgelöst wurde, sind noch gravierender: Auch hier starben Zehntausende Menschen, die Wassermassen verursachten zudem eine Katastrophe in einem Atomkraftwerk.

Wie sieht es mit Vulkanen aus? Jedes Jahr brechen fünfzig bis sechzig Vulkane aus. Jedes Jahr! Die Hälfte davon spuckt nur etwas Lava, die dann gemütlich den Hang hinunterrinnt – doch die andere Hälfte *explodiert:* Riesige Wolken aus Gas und Gestein werden in die Luft geschleudert, tödliche Lavabomben regnen herab und eine dicke, alles erstickende Ascheschicht legt sich in einem Umkreis von vielen Kilometern auf die Erde.

Und, wird dir jetzt angst und bange? Also mir schon.

Die Realität

Unter der festen Erdkruste befindet sich eine flüssige Schicht aus brennend heißem, geschmolzenem Gestein. Vulkane sind praktisch Löcher in der Kruste, durch die dieses *Magma* austreten kann. Wenn es schön langsam hervorblubbert, kühlt es oben ab und wird hart. Die erstarrten Lavaströme schichten sich so zu einem immer höheren Berg auf und am Schluss hat man einen kegelförmigen Vulkan wie im Bilderbuch. Doch manchmal verstopft das abgekühlte, harte Magma den Weg an die Oberfläche, als würde man einen Stöpsel reinstecken. Das flüssige Zeug will natürlich immer noch raus! Und so baut sich immer mehr Druck auf, bis der »Stöpsel« in hohem Bogen weggesprengt wird – ein Vulkanausbruch.

Ein Vulkanausbruch ist ein beeindruckender, aber auch ziemlich beängstigender Anblick – als würde man in den Schlund der Hölle gucken. Aber man sollte ihn keinesfalls aus der Nähe bewundern! Genau das könnten die Bewohner der italienischen Stadt Pompeji bestätigen. Pompeji lag am Rand eines aktiven Vulkans, des Vesuvs . . . bis der Vesuv im Jahr 79 nach Christus ausbrach. Die Stadt wurde unter Wolken brennender Asche begraben, die nichts als geisterhafte Abdrücke der Pompejaner und ihrer Haustiere hinterließen, wie hohle Gussformen für Statuen . . .

Vielleicht fragst du dich jetzt: »Okay, wer ist denn so blöd, sein Haus am Rand eines Vulkans zu bauen? Waren die Pompejaner einfach besonders dumm oder was?«

Nein, die hatten schon ihre Gründe. Da die Erde rund um Vulkane meist sehr reich an Nährstoffen ist, wachsen Obst und Gemüse dort besonders gut. Deshalb haben sich viele Städte und Dörfer ausgerechnet an den Hängen von Vulkanen angesiedelt – lauter furchtlose »Extrembauern« sozusagen. Auf den ersten Blick scheint das ein ziemlich dämlicher Plan zu sein, aber glaub mir, die wussten schon, was sie tun. Vor allem wussten sie etwas sehr Wichtiges über Vulkane: Die Wahrscheinlichkeit, von einem Magmaklumpen erschlagen zu werden, nimmt stetig ab, je weiter man sich vom Krater entfernt. »Ach was«, sagst du jetzt wahrscheinlich. »Dann würde ich mich schleunigst auf mindestens 1.000 Kilometer entfernen!« Verständlich, aber für die Bauern von damals war das fruchtbare Land eben so wertvoll, dass sie das Risiko bewusst in Kauf nahmen.

Also, wie sieht es mit der Wahrscheinlichkeit genauer aus? Der Umkreis von 100 Metern rund um den Krater gilt als Todeszone. Hier musst du immer mit extremen Temperaturen, Mini-Erdbeben, Erdrutschen und giftigen Dämpfen rechnen, und wenn der Vulkan ausbricht, ist sowieso alles vorbei. Wer sich bei lebendigem Leib toasten lassen will, hat hier wirklich gute Chancen.

Zwischen 100 und 300 Metern beträgt die Wahrscheinlichkeit, den nächsten Ausbruch zu überleben, bereits etwa 50

Prozent. Du solltest nur keiner *pyroklastischen Wolke* über den Weg laufen, einem Gemisch aus kochendem Gas und Gestein, das mit 800 Grad Celsius aus dem Krater schießt. Obwohl, das wäre immerhin ein äußerst origineller Tod – du würdest *verdampfen* und als Gaswolke durch die Luft schweben, und wer kann das schon von sich behaupten?

Zwischen 300 Metern und zehn Kilometern muss man sich immer noch vor Lavabomben und Schlammlawinen in Acht nehmen, aber die Chancen stehen schon deutlich besser. Und wenn du ein Völkerball-Ass oder Meisterschwimmer bist, stehen sie noch besser. (Okay, das ist gelogen. *So* gut kann keiner schwimmen. Und erst recht nicht Völkerball spielen.)

Ab zehn Kilometern musst du dir eigentlich kaum noch Sorgen machen. Lavaströme können sich zwar sehr weit – manchmal bis zu 100 Kilometer weit! – durchs Land fressen, aber sooooo übermäßig gefährlich sind sie auch wieder nicht. Wirklich nicht. Warum? Weil sie in der Regel furchtbar langsam vorwärtskriechen, nämlich nur mit drei bis fünf km/h. Du könntest also sogar *rückwärts* schneller laufen, als so ein Lavastrom fließt. Und das ist doch mal eine beruhigende Vorstellung, was?

Erdbeben funktionieren ein bisschen anders. All unsere Kontinente und Meere befinden sich auf sogenannten *Kontinentalplatten*, die auf einem Meer aus geschmolzenem Gestein im *Erdmantel* schwimmen. Diese Platten, und damit auch der Boden unter unseren Füßen, sind immer in Bewegung. Aber davon bekommen wir meistens nichts mit, da sie sich eben nur gaaaaanz langsam fortbewegen. Außer die Platten reiben so stark aneinander, dass es ein Erdbeben gibt. Das bekommen wir dann sehr wohl mit . . .

Und wann gibt es ein Erdbeben? Wenn sich die Platten vorübergehend ineinander verhaken oder sonst wie feststecken. Dann baut sich immer mehr Druck auf, bis die Spannung irgendwann zu stark wird und die beiden Platten voneinander losbrechen – eine abrupte, ruckhafte Bewegung, die den Rand der Platten vibrieren lässt. Und wir, die wir es uns oben auf dem Plattenrand gemütlich gemacht haben, werden von einem Erdbeben durchgeschüttelt.

Das ist gar nicht mal so selten. Ja, kleinere Erdbeben gibt es andauernd, ungefähr 8.000 am Tag! Doch richtig heftige Erdbeben mit einer Stärke von acht oder mehr auf der Richterskala suchen uns im Durchschnitt nur einmal jährlich heim. Außerdem kann man ziemlich genau vorhersagen, *wo* sie uns heimsuchen werden: an den Grenzen zwischen den Kontinentalplatten von vorhin. Japan, Indonesien, Nordindien und die amerikanische Westküste haben das Pech, genau an einer solchen *Plattengrenze* zu liegen, und bekommen daher besonders viele Erdbeben ab. In der Mitte einer Platte, also zum Beispiel in Nordeuropa, Australien oder mitten in Afrika und Amerika, bebt die Erde dafür so gut wie nie. Kann also gut sein, dass du deine persönliche Horrorliste gleich um den Erdbeben-Eintrag erleichtern kannst.

Was fehlt noch? Genau, die Tsunamis, die fetten Flutwellen! Fast 90 Prozent der Tsunamis werden durch starke Seebeben ausgelöst: Heftiges Heben und Senken des Meeresbodens setzt riesige Wassermassen in Bewegung, die sich als gigantische Welle aus dem Meer erheben. Diese Welle zerfällt dann in zahlreiche immer noch ziemlich monströse Wellen, die sich zudem immer höher auftürmen, je seichter das Meer auf dem Weg zum Festland wird . . .

Ein Glück, dass Tsunamis noch seltener sind als starke Erdbeben. Außerdem bedrohen sie vor allem Menschen in tief gelegenen Küstenregionen oder auf Inseln. Wer weit genug im Landesinneren oder hoch genug wohnt, ist automatisch in Sicherheit. Und wenn du in einem besonders gefährdeten Gebiet lebst, halte dich an folgende Regeln:

🖐 Achte auf die Uferlinie: Weicht sie deutlich zurück, mach dich aus dem Staub in Richtung Landesinnere oder suche einen sicheren Ort in 30 Metern Höhe! Zur Not kann auch ein starker Baum oder ein Hausdach helfen.

🖐 Errichte dein Nachtlager mindestens in 300 Metern Abstand vom Ufer!

🖐 Ignorier keine Alarmsirenen, auch wenn Tsunamis seltener sind als Fehlalarme!

🖐 Kehr nicht gleich nach der ersten oder zweiten Welle zurück! Tsunamis bestehen aus mehreren Wellen, zwischen denen das Meer sehr weit zurückweicht.

In den letzten Jahren haben sich Tsunami-Warnsysteme stark verbessert.

Nur nebenbei, damit das ein für alle Mal geklärt ist: Flutwellen heißen zwar Flutwellen, aber mit Ebbe und Flut haben sie nichts am Hut. Sie werden nicht durch die Gezeiten, sondern durch Erdbeben oder (alle hundert Millionen Jahre oder so) durch Asteroideneinschläge verursacht. Am besten bleiben wir gleich bei »Tsunami«.

Die Wahrscheinlichkeit

Mit einer Wahrscheinlichkeit von eins zu 80.000 wird dich ein Vulkanausbruch, ein Lavastrom oder die dazugehörige Schlammlawine ins Jenseits befördern. Natürlich liegt die Wahrscheinlichkeit deutlich höher, wenn du direkt am Rand eines Vulkans wohnst. Aber wenn weit und breit kein Vulkan in Sicht ist, kannst du davon ausgehen, dass dich nicht ausgerechnet ein Magmaklumpen erschlagen wird.

(Außer ein sogenannter *Supervulkan* bricht aus – dann wäre es wahrscheinlich um die gesamte Menschheit geschehen. Unter dem amerikanischen Yellowstone Park schlummert ein solcher Supervulkan. Aber wir müssen trotzdem nicht gleich in Panik ausbrechen (zumindest nicht sofort), denn ein solcher Vulkanausbruch ereignet sich nur alle paar Millionen Jahre. Und da der letzte Supervulkanausbruch erst 75.000 Jahre her ist, bleibt uns noch ein Weilchen (genauer gesagt mindestens 925.000 Jahre), um zum Mars umzuziehen. Noch mal Glück gehabt!

Ein durchschnittlicher Erdbewohner wird mit einer Wahrscheinlichkeit von eins zu 130.000 bei einem Erdbeben umkommen, mit einer Wahrscheinlichkeit von eins zu 500.000 bei einem Tsunami. Natürlich kommt es auch hier ganz darauf an, wo man wohnt. Aber die meisten Leute müssen nicht damit rechnen, dass sich ein Erdbeben oder ein Tsunami in ihre Heimat verirrt.

Alles in allem . . .
Solltest du in der Nähe eines Vulkans oder einer Plattengrenze leben, musst du über die Gefahren von Vulkanausbrüchen und Erdbeben Bescheid wissen. Wenn du in einer tief gelegenen Küstenregion wohnst, wo auch noch häufiger die Erde bebt, gilt das Gleiche für Tsunamis. Doch selbst dann kannst du das Risiko wie bei Hurrikanen, Zyklonen und Co. durch ein paar Vorsichtsmaßnahmen deutlich verringern. Vor allem musst du wissen, wo du dich notfalls schnell in Sicherheit bringen kannst. Und es ist keine schlechte Idee, einen Notvorrat an Wasser, Lebensmitteln und ein paar unentbehrlichen Ausrüstungsgegenständen anzulegen, falls du vorübergehend von der Außenwelt abgeschnitten wirst.

Wenn dein Zimmer keinen Meer-, Vulkan- oder Plattengrenzenblick hat, können dir diese Naturkatastrophen (fast gar) nichts anhaben. Außerdem haben Geologen und Ingenieure Erfahrungen aus früheren Erdbeben genutzt, um erdbebensichere Häuser für besonders gefährdete Gebiete zu entwickeln. Im Fall des Falles stürzen diese Gebäude nicht ein, sondern schwanken nur ein bisschen hin und her. Wer in einem solchen Haus lebt, hat zumindest gute Chancen, auch bei starken Erdbeben nicht erschlagen oder verschüttet zu werden. Darüber hinaus können wir Plattengrenzen und Vulkane heute ziemlich gut im Auge behalten, sodass wir in etwa vorhersagen können, wo und wann die nächsten Erdbeben, Vulkanausbrüche oder Tsunamis auftreten werden. Diese Warnsysteme sind zwar noch nicht perfekt, aber doch ein großer Schritt in die richtige Richtung.

Okay, man kann natürlich nicht komplett ausschließen, dass die Erde auch in der Mitte einer Kontinentalplatte bebt . . . oder dass ein Tsunami quer durchs Meer und tief ins Landesinnere schwappt . . . oder dass plötzlich eine bislang unbekannte unterirdische Kammer mit flüssigem Magma in die Luft fliegt – am besten direkt unter deinem Haus, wo dann kein Haus mehr steht, sondern ein riesenhafter Vulkan. Nein, das alles ist durchaus denkbar. Aber dass es wirklich passiert, ist so was von unwahrscheinlich, dass man sich nicht den Kopf darüber zerbrechen sollte. Klar, solche unfassbaren Gefahren, die schlimmstenfalls die ganze Welt umkrempeln könnten, kann man nicht so leicht beiseitewischen – das gilt erst recht für die Asteroiden und Kometen, die wir im nächsten Kapitel kennenlernen werden. Aber weil solche Katastrophen eben so *wahnwitzig unwahrscheinlich* sind, bleibt einem eigentlich gar nichts anderes übrig, als sie zu ignorieren. Sicher, Vulkane, Erdbeben und Tsunamis sind echt beängstigend. Doch bevor du vor lauter Zähneklappern den Verstand verlierst, frag dich lieber mal: Wie wahrscheinlich ist das eigentlich?

Furchterregende Fakten

Vulkane werden in aktive, schlafende und erloschene Vulkane eingeteilt. Aktive Vulkane brechen öfter mal aus oder wirken zumindest so nervös, dass sie jederzeit ausbrechen könnten – ihre Oberfläche zittert, verschiebt sich oder plustert sich auf. Schlafende Vulkane haben schon seit mindestens 10.000 Jahren nichts mehr von sich hören lassen. Und erloschene Vulkane werden höchstwahrscheinlich nie wieder ausbrechen, meistens weil sie von ihrer unterirdischen Lavazufuhr abgeschnitten sind. Die Armen . . .

Weltweit gibt es etwa 40 Supervulkane, von denen man weiß. Diese Vulkane sind irgendwann in der Vergangenheit so heftig ausgebrochen, dass sie einen 60 bis 80 Kilometer breiten Krater hinterlassen und eine Gaswolke in die Atmosphäre geschleudert haben, die das Klima der gesamten Erde beeinflusst hat.

Glücklicherweise sind fast alle Supervulkane erloschen. Zuletzt, vor etwa 75.000 Jahren, ist der Mount Toba in Sumatra ausgebrochen. Dafür war der Ausbruch aber auch 10.000-mal heftiger als der Ausbruch des Mount St. Helens vom Anfang dieses Kapitels . . .

Hilfe! Hilfe!
Hey, warum macht denn keiner mit?

Kurz nach meinem ersten Taifun machte ich (immer noch in Japan) Bekanntschaft mit meinem ersten richtigen Erdbeben. Ich saß nichts ahnend im Internetcafé und schrieb einem Freund in Schottland, als sich das Gebäude in Bewegung setzte. (Also nicht nur das eine Gebäude, sondern die ganze Stadt samt Umland. Schon klar, oder?) Zuerst war es bloß ein leichtes Grollen, ein ganz sachtes Rumoren – ich dachte, vielleicht fährt draußen ein großer Laster vorbei oder so. Aber das dachte ich nicht lange, denn das Grollen wurde immer lauter – und plötzlich schwankten der Boden, die Wände, einfach alles! Natürlich machte ich mir vor Schreck fast in die Hose. Schließlich war ich in einer Gegend aufgewachsen, in der es keine Erdbeben gibt, und deshalb war ich wie jeder normale Mensch davon ausgegangen, dass Boden und Wände die Freundlichkeit besitzen, sich verflixt noch mal nicht zu bewegen! Und du kannst mir glauben, wenn sie sich dann doch bewegen, ist das ziemlich beängstigend.

Ich sprang also vom Stuhl auf und sah mich panisch um. Wo ist hier der nächste Notausgang? Das heißt, dachte ich mir, vielleicht sollte ich gar nicht auf den Parkplatz flüchten, sondern lieber unter den Tisch kriechen? Ich meine, am Ende stürzt gleich die Decke ein? Oder das ganze Haus? Aaaaahhh! Aber hey, was ist eigentlich mit den anderen los? Die rühren sich ja gar nicht vom Fleck! Die bleiben einfach sitzen! Soll ich die jetzt alle am Schlafittchen packen und ins Freie zerren oder was?

Moment. Die rühren sich immer noch nicht. Die sitzen immer noch da. Ja, die tippen seelenruhig weiter!!! Anscheinend machen sie sich überhaupt keine Sorgen . . .

Und so setzte ich mich langsam, ganz langsam wieder hin, ohne meine japanischen Gastgeber aus den Augen zu lassen. Als die immer noch nicht in Panik ausbrechen wollten, tippte ich vorsichtig weiter.

»Heyyy Kumepl«, schrieb ich. Meine zitternden
Finger stolperten über die Tasten. »Hierrr isszt
anschnend grad en Erdbebbbemn. Abrer irr-
gendwiw sttörtz dad keiunen ...«
In meinen zwei Jahren Japan sollte ich
noch so manches Erdbeben erleben. Jedes
Mal gingen höchstens ein paar Flaschen
oder Gläser zu Bruch oder ein paar Bücher
fielen aus dem Regal. Alles halb so wild also – und trotzdem habe
ich sehr, sehr lange gebraucht, bis ich nicht mehr beim ersten Ru-
ckeln durchgedreht bin. Vor allem in der Nacht, wenn man plötzlich hellwach ist und sich fragt, *warum* man eigentlich hellwach
ist – bis man das leichte Schwanken und Rumpeln der Erde bemerkt ...

ASTEROIDEN UND KOMETEN
Eine »zweite Sonne« stürzt auf Sibirien

»Wir schliefen. Plötzlich wachten wir auf, beide gleichzeitig ...
Wir hörten ein Pfeifen, spürten starken Wind ... Wir schrien
nach Vater und Mutter, nach unserem Bruder. Keine Antwort.
Nur der laute Krach vor der Hütte, wo anscheinend Bäume um-
knickten ... Und dann der Donner, der erste Donner ... Die Erde
bewegte sich, schwankte hin und her, der Wind prallte gegen
unsere Hütte und riss sie um ... Und da sah ich das Wunder: um-
stürzende Bäume, lodernde Äste, ein unfassbar helles Licht ...
Wie soll ich es beschreiben, es war wie eine zweite Sonne ...
Meine Augen schmerzten, ich konnte nicht anders, ich musste
sie schließen ... Und im selben Moment hörte ich lautes Dröhnen, den zweiten Donner. Es war ein schöner Morgen, der Himmel war klar, unsere Sonne strahlte genauso hell wie immer, als
auf einmal die zweite Sonne erschien!«

Angehörige eines Tungusenstamms, 1908

Die Angst

Acht Kilometer über Tunguska, einem abgelegenen Waldge-
biet im russischen Sibirien, explodierte am 30. Juni 1908 ein
Komet oder Asteroid. Der Augenzeugenbericht, den du gerade
gelesen hast, stammt von einem Kind, dessen Stamm in der
Nähe lebte. Soweit man weiß, ist damals niemand ums Leben
gekommen, doch der immense Feuerball löschte über 3.000
Quadratkilometer Wald aus. In der Geschichtsschreibung ist
kein größerer Asteroiden- oder Kometeneinschlag bekannt –
was aber noch lange nicht heißt, dass es keinen gegeben hat.

Der Tunguska-Asteroid hatte einen Durchmesser von 60
Metern. Gar nicht mal so viel für einen Asteroiden und trotzdem explodierte er 1.000-mal heftiger als eine Atombombe!
Wäre der Asteroid zehnmal so groß gewesen, hätte er eine
Reihe von Erdbeben ausgelöst und so viel Staub in die Erdatmosphäre geschleudert, dass die Sonne dahinter verschwunden wäre – Millionen Menschen auf der ganzen Welt
wären umgekommen. Und wäre er 100-mal so groß gewesen
(also sechs Kilometer breit), hätten wir die folgenden Explo-
sionen, Erdbeben und Feuerstürme wahrscheinlich nicht
überlebt – die Menschheit und viele andere Spezies wären
ausgestorben. Eine solche Katastrophe hat vermutlich die Dinosaurier ausgelöscht. Und nicht nur die Dinosaurier, sondern auch noch drei Viertel der übrigen
Tierarten, die sich damals auf dem Planeten he-
rumtrieben. So etwas bezeichnet man nicht umsonst als *Massenaussterben* . . .

Sollte uns ein derart riesiger
Felsbrocken auf den
Kopf fallen, hätten wir
keine Chance. Über-
haupt keine Chance.
Verstecken würde nichts

bringen und wohin sollten wir fliehen? Das wäre das Ende, keine Frage. In der ewigen Hitparade der ultimativen Albträume stehen Asteroiden- und Kometeneinschläge daher ganz weit oben. Davor muss sich jeder vernünftige Mensch fürchten. Oder? Oder!?

Die Realität

Okay, wahrscheinlich wirst du mir sowieso nicht glauben, aber ich kann's ja mal versuchen: *Die ganze Zeit* prasseln Felsbrocken aus dem All auf die Erdatmosphäre ein. Ehrlich! Auch wenn es ihnen nicht mal mit vereinten Kräften gelingt, die Menschheit auszulöschen. Ja, die meisten bemerken wir nicht mal.

Das heißt, eine bestimmte Gruppe von Menschen bemerkt sie doch: leidenschaftliche Sterngucker. Oder besser gesagt: leidenschaftliche Stern*schnuppen*gucker! Felsbrocken, die nur ein paar Meter groß sind, gehen in der Atmosphäre nämlich meistens wunderhübsch in Flammen auf und ziehen dabei einen blitzenden Schweif hinter sich her – unsere Sternschnuppen. Etwas größere Felsbrocken zerfallen gerne in viele kleinere Feuerbälle, die sich ebenfalls weit oben am Himmel in Luft auflösen. Was die riesigen, alles-Leben-auf-der-Erde-vernichtenden Dinger angeht: Asteroiden mit einem Durchmesser von mehreren Hundert Metern (und nur die könnten ein zünftiges *Massenaussterben* veranstalten) erwischen unseren Planeten nur sehr selten. Das kann man sich eigentlich denken – denn wie hätte sich jemals Leben auf der Erde entwickeln sollen, wenn sie alle 1.000 Jahre komplett umgegraben würde?

Der letzte richtig dicke Brummer ist wahrscheinlich vor circa 65 Millionen Jahren auf die Erde niedergegangen und hat die Dinosaurier ausgelöscht. Die Wahrscheinlichkeit, dass ein solches Monster innerhalb der nächsten 100 Jahre bei uns vorbeischaut, liegt unter eins zu einer Million und für Kometen gilt dasselbe. Überhaupt sind Kometen praktisch dasselbe wie Asteroiden, nur dass sie großteils aus Eis und nicht aus Stein bestehen.

Das soll aber nicht heißen, dass überhaupt keine Steinbrocken unten auf der Erdoberfläche landen. Das tun sie nämlich schon. Diese nicht ganz so dicken Brummer nennt man dann *Meteoriten,* und ja, es besteht eine gewisse Chance, dass ein Meteorit durchs Dach kracht und vor dir ins Waschbecken plumpst, während du dir gerade die Zähne putzt. Oder dass er dich bei einem gemütlichen Spaziergang aus heiterem Himmel erschlägt. Denn sooooo klein sind die Dinger nun auch wieder nicht. Aber es ist eben enorm unwahrscheinlich, dass der Meteorit ausgerechnet da runterkommt, wo du dich in dieser Sekunde aufhältst. Deshalb wäre es wirklich Zeitverschwendung, sich vor Meteoriten zu fürchten.

Ach ja, wonach entscheidet man eigentlich, ob so ein Felsbrocken Asteroid oder Meteorit heißt? Tja, »Asteroid« darf man sich als durchs Weltall schießender Steinklotz erst ab einem Durchmesser von 30 Metern nennen[*].

Die Wahrscheinlichkeit

Unsere Chancen, während unserer voraussichtlichen Lebensspanne von einem außerirdischen Felsbrocken gekillt zu werden (egal ob Meteorit, Asteroid oder Komet), liegen irgendwo zwischen eins zu 200.000 und eins zu 500.000. Nicht besonders hoch also, und zwar egal wo du wohnst oder wie aufmerksam du in den Himmel starrst, um gegebenenfalls flink zur Seite springen zu können. Damit gehören Flugkörper aus dem All zu den harmlosesten Naturkatastrophen überhaupt – *sie erwischen uns einfach nicht.*

---

[*] Wahrscheinlich schwirren da draußen haufenweise eingeschnappte 29-Meter-Brocken herum, die ihren Kollegen ständig erzählen wollen, sie wären »selbstverständlich richtige Asteroiden, was denn sonst, Mann?«.

Alles in allem . . .

Die meisten Menschen gehen nicht ständig in Deckung, weil
ihnen jeden Moment ein Meteorit auf den Schädel fallen
könnte – und das ist auch sehr vernünftig so. Sonst müssten
sie ja auch jederzeit damit rechnen, von einem abstürzenden
Satelliten, Flugzeug oder Fallschirmspringer geplättet zu werden . . . Die putzig kleinen Meteoriten können und sollten wir
also gleich wieder vergessen. Ja, von so einem Ding getroffen
zu werden, ist dermaßen unwahrscheinlich, dass es fast schon
wieder lustig wäre.

Doch angesichts der Zerstörungen, die riesige Asteroiden
und Kometen anrichten könnten, bleibt einem das Lachen im
Halse stecken. Wenn man sich ausmalt, wie es nach einer solchen Katastrophe auf der Erde aussehen würde, kommen einem grauenhafte Worte und Bilder in den Sinn: Erdbeben,
Feuerstürme, Massensterben. Und obwohl diese Vorstellungen nur zusammenfantasiert sind, können sie sehr reale *körperliche Reaktionen* hervorrufen – der Herzschlag beschleunigt, man schwitzt, zittert und so weiter. Körperliche Reaktionen, die wiederum das eigene Angstgefühl verstärken, bis
man sich einbildet, das alles wäre gar nicht mal so unwahrscheinlich. Dabei ist die tatsächliche Wahrscheinlichkeit überhaupt nicht gestiegen – man *fühlt* sich nur anders und *denkt*
deshalb anders.

Besonders wenn es um extrem beängstigende Dinge geht,
beeinflussen Gefühle unser Denken und unsere Logik. Dafür
gibt es kaum ein besseres Beispiel als Asteroiden und Kometen: Ehe sich der logische Teil des Gehirns einschalten kann,
hat der emotionale Teil schon beschlossen, dass die Dinger
enorm gefährlich sind. Bis man irgendwann totale Angst hat,
aber niemandem logisch erklären kann, *warum* man solche
Angst hat. Und weil man sich so sehr fürchtet, kommt man
erst recht nicht zum Nachdenken . . .

Doch aus diesem Teufelskreis kann man ausbrechen, indem man die Auslöser der Angst bewusst aus einem anderen Blickwinkel betrachtet. Man muss sich vor Augen halten, wie unwahrscheinlich es ist, jemals persönlich mit einem Asteroiden oder Kometen zu tun zu bekommen. Ja, das ist sogar *unwahrscheinlich* unwahrscheinlich – andere Schreckgespenster sind da sehr viel realer. Deshalb speicherst du außerirdische Gesteinsbrocken am besten gleich unter »kannste vergessen« ab und hältst dich auch daran. Dann werden die extraterrestrischen Flugkörper weiter ihre friedlichen Bahnen durchs All ziehen und unsere kleine Erde verschonen, während du endlich wieder ohne Sturzhelm spazieren gehen und Zähne putzen kannst.

Furchterregende Fakten

Allein in unserem Sonnensystem hat die Wissenschaft über 500.000 Asteroiden gezählt. 2.000 davon, die sogenannten erdnahen Objekte, kreuzen irgendwann die Umlaufbahn der Erde – oder Schlimmeres . . .

Erst am 2. März 2009 ist ein 60 Meter großer Asteroid namens 2009DD45 knapp an uns vorbeigeschossen. Okay, er hat uns um 65.000 Kilometer verfehlt, aber vor dem Hintergrund des gesamten Universums ist das gar nicht mal so viel.

Bisher wurden über 12.000 Asteroiden getauft – und wenn du einen neuen entdeckst, darfst du dir selber einen Namen ausdenken!

3. Ärzte, Zahnärzte und andere Gefahren für die Gesundheit

Schauermärchen

Kennst du die Geschichte von der bösen Kranken-schwester, die ihre Patienten mit Spritzen und Skal-pellen traktiert? Oder die von dem Zahnarzt, der erst von seinen Opfern ablässt, wenn sie keine Luft mehr bekommen?

Oder hast du schon mal solche Schlagzeilen gelesen: »Killerbakterien fraßen mir das Gesicht weg!«, oder: »Neue Grippe entdeckt – Millionen Tote befürchtet«? Ich schätze, im letzten Jahr sind dir mindestens zwei, drei von der Sorte untergekommen.

Man kann kaum die Zeitung aufschlagen, ohne eine Horrorgeschichte über die neueste Lebensmittelver-giftung zu lesen: Auf jedem zweiten Stück Rindfleisch krabbeln Heerscharen tödlicher E.-coli-Bakterien he-rum, Hühnchen und Eier wimmeln von widerwärti-gen Salmonellen. Da will man am liebsten gar nicht mehr aus dem Haus gehen – geschweige denn etwas essen. Nie mehr!

Fragt sich nur, warum die Menschheit nicht längst ausgestorben ist. Ich meine, bei den vielen Bedrohun-gen! Jede Woche tauchen solche oder ähnliche Mel-dungen in der Zeitung, in den Nachrichten oder im Internet auf. Da muss man sich eigentlich wundern, dass wir trotzdem aus dem Haus gehen, brav zum Arzt (oder sogar zum Zahnarzt!) dackeln, Frühstück, Mittagessen und Abendessen zu uns nehmen und diese schrecklich verseuchte Luft atmen. Und noch erstaunlicher ist, dass wir dabei nur sehr wenigen blutrünstigen Krankenschwestern und Killerbakterien über den Weg laufen. Ist das alles gelogen oder was ist da los?

Nun, nicht unbedingt gelogen, obwohl das durchaus vorkommt. Viele Geschichten sind einfach heillos übertrieben. Auch wenn dir deine Freunde von gruseligen Arztbesuchen berichten, solltest du ihnen nicht alles abkaufen. In der Grundschule hat mir zum Beispiel mal ein Freund erzählt, der Zahnarzt gestern hätte ihn umgebracht. Ich starrte ihn an – eine Sekunde lang, zwei, drei. Bis ihm endlich klar wurde, was er da gesagt hatte. »Na ja«, fügte er rasch hinzu. »Er hat mich natürlich nicht tot umgebracht. Ich hab mich eben wieder erholt . . .«

Okay, denkst du dir jetzt wahrscheinlich, aber das war irgendein Angeber in der Grundschule, die können nicht alle lügen. Richtige Journalisten bei richtigen Zeitungen und Fernsehsendern können sich doch nicht einfach irgendwas ausdenken! Das würde man ihnen doch nicht durchgehen lassen, oder? Oder!?

Stimmt schon. Aber man muss bedenken, dass Zeitungen, Fernsehsendungen, Bücher und Filme interessante Geschichten brauchen, um gelesen oder geguckt zu werden. Deshalb sind Journalisten, Autoren und Regisseure ständig auf der Suche nach Themen, aus denen sich spannende Storys stricken lassen – Storys mit Helden und Bösewichten, mit zahllosen Gefahren und dramatischen Verwicklungen. Und dafür eignen sich Killerbakterien und Mörderkrankenschwestern nun mal wunderbar.

Reporter spitzen daher gleich die Ohren, wenn sich irgendein bemitleidenswerter Mensch ein paar extrem seltene Killerbakterien eingefangen hat oder eine furchtbar unwahrscheinliche Lebensmittelvergiftung tatsächlich mal ein Todesopfer fordert. So was Spektakuläres passiert schließlich selten genug, weshalb dieselben Geschichten dann immer und immer wieder aufgetischt werden. Und wir lassen uns dadurch blöderweise einreden, dass Killerbakterien und Lebensmittelvergiftungen pausenlos unschuldige Leute dahinraffen. Obwohl wir eigentlich wissen sollten, dass das Quatsch ist.

Aber warum lassen wir es uns so leicht einreden? Weil sich unser Gehirn auf die Erinnerung verlässt, wenn es abschätzen will, wie gefährlich oder ungefährlich etwas ist. Stell dir vor, du wurdest neulich erst von einer Schlange gebissen. Oder du bist wegen eines verfaulten Frühstückseis vor Übelkeit aus den Latschen gekippt. Oder du hast dich an einem heißen Topf verbrannt. Dann würde dich dein Gehirn bestimmt vor der nächsten Begegnung mit Schlangen, Eiern und Töpfen warnen, im Extremfall hättest du richtig Angst davor. Aber je länger der Schlangenbiss, die Eiervergiftung oder die Bekanntschaft mit dem heißen Topf zurückliegt, desto gelassener wirst du. Ja, wahrscheinlich hast du in der Zwischenzeit schon mehrere Auseinandersetzungen mit Schlangen (okay, das vielleicht nicht gerade), Eiern oder Töpfen (das schon eher) erfolgreich gemeistert! So geraten die »Gefahren« nach und nach in Vergessenheit und du kannst wieder ganz entspannt dein Frühstücksei kochen.

Und was hat das jetzt mit Zeitungsberichten und Fernsehnachrichten zu tun? Tja, leider, leider hat unser Gehirn große Probleme, zwei sehr unterschiedliche Dinge auseinanderzuhalten: Dinge, die uns selbst zugestoßen sind, und Dinge, die wir irgendwo gehört oder gelesen haben (zum Beispiel von Freunden, aber auch im Radio oder in Büchern). Wenn dir irgendwer von einem fiesen Arzt erzählt, legt dein Gedächtnis sofort eine Akte mit der Aufschrift »Ärzte sind böse!« an. Wenn du eine Fernsehreportage über »tödliche« Bakterien oder »giftige« Eier siehst, kommt noch eine Akte dazu. All diese Akten werden wie echte Erinnerungen abgespeichert, und je öfter du solche Geschichten hörst, desto dicker werden sie. Bis du irgendwann richtig Panik bekommst: Sie sind überall! Killerärzte, Killerbakterien, Killereier – sie kreisen uns ein und töten, wen sie wollen!

Dass du selbst noch gar keine schlechten Erfahrungen mit Ärzten, Bakterien oder Eiern gemacht hast, ist deinem Gehirn egal. Dein Gehirn achtet auch nicht darauf, ob die Geschichte mit dem Arzt vielleicht ein klein wenig übertrieben (oder sogar frei erfunden) war oder ob es in den ganzen Fernsehberichten nicht doch um extrem seltene Bakterien oder vereinzelte Lebensmittelvergiftungen ging.

Schließlich kommt es zum Ernstfall: Du musst zum Arzt, zu einem leibhaftigen Arzt. Oder du fährst Bus und irgendjemand niest dich hinterrücks an. Oder zum Sonntagsfrühstück gibt es ein frisches Ei. Oh mein Gott! Automatisch kramt dein Gehirn die falschen Erinnerungen hervor und löst eine spontane Angstreaktion aus. Natürlich bekommst du das nicht bewusst mit – es passiert einfach. Immerhin hast du

gelernt: »Ärzte sind böse!«, »Eier sind tödlich!«, und:
»Höchstwahrscheinlich schleppt der eklige Schnod-
dertyp im Bus irgendwelche fiesen Bakterien mit sich
herum!«

Die Wahrheit sieht natürlich anders aus. Ärzte sind
keine erbarmungslosen Mörder. Das durchschnittliche Frühstücksei will dich nicht töten. Und die sogenannten »Killerbakterien« kann man auch mehr oder
weniger abschreiben, weil sie wirklich extrem selten
sind.

Tatsächlich sind Bakterien überall. Also wirklich
überall. Aber eben keine tödlichen Bakterien, und solange du dich an ein paar simple Regeln hältst, musst
du nicht vor jedem Schmutzfleck zurückzucken. Und
wenn du das nächste Mal angeniest* wirst, musst du
dich auch nicht unbedingt unter den fliegenden Rotz-
tropfen hinwegducken . . .

Also, stürzen wir uns in die klebrige Welt von Medizin und Mikroben! Mir nach!

---

* Ja, es heißt »angeniest« und nicht »angenossen«. Manche Schlauberger sagen ja tatsächlich: »Ich habe genossen.« Aber das ist falsch! Man kann höchstens das Niesen
genossen haben. Vorausgesetzt, man ist ein echter Genießer . . .

Furchterregende Fakten

Bestimmt weißt du, dass es neben Bakterien auch noch andere fiese Krankheitserreger gibt, die Viren. Aber weißt du auch, was ein Bakterium von einem Virus unterscheidet? Viele Leute wissen es nicht, obwohl der Unterschied eigentlich ziemlich groß ist . . .

Bakterien sind winzig kleine Lebewesen, die simpelsten Lebewesen auf der Erde. Sie bestehen aus einer einzigen Zelle, die sich ernährt und wächst, bis sie sich in zwei Tochterzellen teilt; das ist ihre Art, sich zu vermehren. Irgendwann teilen sich die Tochterzellen wieder und immer so weiter, bis ganze Bakterienkolonien entstehen. Bakterien gibt es praktisch überall – auch auf und sogar in deinem Körper.

Viren sind keine richtigen Lebewesen, weil sie sich nicht selbstständig ernähren, wachsen und vermehren können. Sie sind noch kleiner und einfacher gebaut als Bakterien – tatsächlich bestehen sie nur aus einem einzigen DNA-Strang in einem Schutzmantel aus Protein (oder einem RNA-Strang, aber das ist chemisch gesehen kein großer Unterschied). Um sich zu vermehren, schleichen sie sich in lebende Zellen ein (auch in Bakterien) und übernehmen das Kommando: Sie befehlen der Zelle, den gefährlichen DNA-Strang zu kopieren . . .

Bakterien kann man mit Antibiotika bekämpfen – diese behindern ihr Wachstum oder ihre Vermehrung. Aber gegen Viren, die ganz anders strukturiert sind und sich anders vermehren, bringen sie gar nichts. Es hat also keinen Sinn, Antibiotika zu schlucken, wenn man sich eine Erkältung oder eine Virusinfektion eingefangen hat. Darum muss sich das Immunsystem kümmern.

SCHMUTZ, DRECK, BAKTERIEN
Keime regieren die Welt

Du bist umzingelt. Du stehst unter ständigem Beschuss. Sie sind überall, ob du es weißt oder nicht. Eine riesige, unsichtbare Bakterienarmee belagert dich und nutzt jede Lücke in deiner Deckung.

Lust auf ein Picknick auf einer frisch gemähten Wiese? Viel Spaß. Jedes Gramm Erde unter deinen Füßen enthält über eine Milliarde Bakterien in über 10.000 Variationen. Du willst dich zur Abkühlung ins Meer stürzen? Nur zu. Pro Liter schwimmen bis zu 200.000 Bakterienzellen im Salzwasser. Und wenn du jetzt lieber in deinem blitzsauberen, keimfreien Heim bleibst . . . Vergiss es! Auf jedem *Quadratzentimeter* Kloschüssel siedeln gut 3.500 Bakterien. Auf jedem Quadratzentimeter Spüle sind es mit etwa 3.000 nicht viel weniger. Auf jedem Quadratzentimeter Telefon sind es beinahe 50 und auf jedem Quadratzentimeter Lichtschalter immerhin noch 30. Wie gesagt: Sie sind überall.

Die Angst

Keime, genauer gesagt *Bakterien,* hängen sich an uns dran, schleichen sich in unseren Körper ein und verursachen Krankheiten. Sie kriechen durch Augen, Ohren, Nase und Mund, sie zwängen sich durch Risse und Schnitte in der Haut in Gewebeschichten und Adern. Ja, sie lassen sich sogar von Staubpartikeln und Wassertröpfchen in der Luft mitnehmen, damit wir sie mit jedem Atemzug tief in die Lunge einsaugen. Und sind sie erst mal drinnen, vermehren sie sich. Sie teilen sich, vervielfachen sich. Sie *feiern.* Sie quetschen unsere Zellen aus, um sich Wasser und Nährstoffe zu besorgen, sie paddeln in unseren Blutbahnen durch den gesamten Körper. Und sie kennen nur ein Ziel: uns krank zu machen. Egal wie.

In Schmutz und Dreck fühlen sich Bakterien besonders

wohl – wer sich vor Keimen fürchtet, fürchtet sich daher meist auch vor Schmutz. Entsprechend haben die beiden Ängste einen gemeinsamen Namen: *Mysophobie.* Richtige *Mysophobiker* haben panische Angst, sich irgendwo einzudrecken und dabei mit Bakterien einzudecken. Am liebsten bleiben sie gleich zu Hause, wo sie nicht mit der versifften Außenwelt in Kontakt kommen. Türen öffnen sie ausschließlich mit dem Ellbogen – wer weiß, wer die Türklinke vorher angefasst hat! – und ihre Hände waschen sie sich sicherheitshalber bis zu 50-mal am Tag. Nur leider leben auf unserem Planeten über fünf *Quintillionen* Bakterien – eine fünf mit 30 Nullen. Auch wenn sich die lieben Damen und Herren *Mysophobiker* noch so sehr bemühen, sie lauern überall . . .

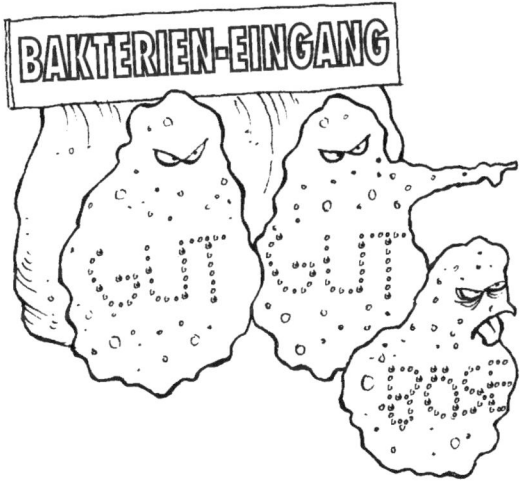

Die Realität

Nichts davon ist gelogen. Bakterien sind wie Reality-TV: Es gibt einfach kein Entkommen. Aber glücklicherweise haben wir gar keinen Grund, vor ihnen zu fliehen, denn die meisten Bakterien sind völlig harmlos – über 95 Prozent der klitzekleinen Viecher, um genau zu sein. Von daher ist es auch ganz normal, dass wir alle (und zwar wirklich *alle,* nicht nur

Schmutzfinken, die sich nie waschen) ständig Billionen Bakterien mit uns herumtragen. In der Regel bemerken wir die blinden Passagiere gar nicht.

Staphylokokken siedeln auf deiner Haut, in deiner Nase und in deinem Mund. Auf deiner Magenschleimhaut hausen Millionen stabförmiger *Laktobazillen*. In deinem Darm treiben sich Milliarden *Escherichia coli* herum – ja, das sind die berüchtigten *E.-coli!* Aber das ist nur der Anfang. In deinen Zähnen, auf deiner Zunge, unter deinen Fingernägeln . . . Egal wo man nachschaut, überall grinsen einem haufenweise zufriede Bakterien entgegen. Dein ganzes Leben lang schleppst du einen riesigen Bakterienrummel durch die Gegend, der dir (normalerweise) überhaupt nichts zuleide tut. Ja, die Viecher leben sogar *in deinem Po!* Also wenn du dich das nächste Mal über dein Zimmer beschwerst, denk eine Sekunde an die Untermieter in deinem Hintern: Willst du vielleicht mit denen tauschen?

Warum vertragen wir uns so gut mit Bakterien? Weil sie sich im Lauf der Zeit an uns angepasst haben   und wir uns an sie. Sie wachsen und gedeihen bei unserer normalen Körpertemperatur, sie ernähren sich von Resten unverdauter Lebensmittel, von toten Hautzellen und anderem Zeug, das wir locker entbehren können. Währenddessen passen unsere Haut und unsere Magenschleimhaut auf, dass sie schön draußen beziehungsweise in den langen Nahrungsschläuchen des Verdauungstrakts bleiben. Hauptsache, sie dringen nicht in unser Gewebe und unser Blut ein, denn dort könnten sie wirklich Ärger machen.

Klar, ab und zu überwinden sie unsere erste Verteidigungslinie dennoch. Aber dann schickt unser Immunsystem sofort Verstärkung: Weiße Blutkörperchen und Antikörper spüren Bakterien im Gewebe und im Blutkreislauf auf und kreisen sie ein. Dann rufen sie andere Zellen zu Hilfe, die die Bakterien durchlöchern und verdauen. Eigentlich funktionieren die weißen Blutkörperchen, genauer gesagt die *Lymphozyten,* wie eine Armee klitzekleiner Türsteher: Sie gucken sich die Oberfläche der Zellen an wie einen Ausweis. Finden sie dabei ein Bakterium, das sich unerlaubt in den Körper einschleichen will, klonen sie augenblicklich Tausende »Erinnerungszellen«, damit sie in Zukunft sofort wissen, mit wem sie es zu tun haben. Ganz schön clever, was?

Aber warum so kompliziert? Warum macht unser Körper nicht gleich kurzen Prozess und tötet sämtliche Bakterien ab, die ihm zu nahe kommen? Wäre das nicht viel einfacher?

Nein, das wäre ganz und gar nicht einfach, denn Bakterien sind (wie gesagt) *überall.* Wir müssten enorm viel Energie aufwenden, um uns gegen all die Bakterien zu wehren, die ununterbrochen auf uns einprasseln. Und das wäre eine ziemliche Verschwendung, weil uns die wenigsten etwas Böses wollen. Die »guten« Bakterien helfen uns sogar: Sie bilden eine Schutzschicht um den Körper, die die »bösen« Bakterien fernhält: Die Billionen harmlosen Bakterien, die auf (und in) uns siedeln, fressen die kompletten Nährstoffe auf, die wir absondern. Da kriegen die vielen Möchtegernsiedler keinen Fuß in die Tür.

Nicht nur deshalb sollten wir uns eigentlich bei unseren Bakterienfreunden bedanken. Mit ihrer Hilfe stellen wir Lebensmittel, Getränke, Impfstoffe, Antibiotika, Kraftstoffe, Pestizide und noch vieles andere her. Ob du's glaubst oder nicht – ohne Bakterien *gäbe es uns gar nicht.* Und ohne Bakterien könnten wir auch nicht weiterleben.

Die ersten Lebensformen, die sich auf diesem Planeten entwickelt haben, waren . . . Na? Richtig, Bakterien! Die ersten Urbakterien entstanden unzählige Jahre vor uns und die nächsten Milliarden Jahre verbrachten sie damit, die Erdatmosphäre umzuwandeln: Sie saugten Methan und Kohlendioxid ein und spuckten Sauerstoff aus. Dafür müssen wir ihnen wirklich dankbar sein, denn ohne Sauerstoff hätten sich niemals große, sauerstoffatmende Tiere entwickeln können. Und was sind wir Menschen schon anderes als große, sauerstoffatmende Tiere? Auch heute noch filtern Bakterien Kohlendioxid aus der Luft und aus den Weltmeeren. Damit geben sie uns nicht nur Luft zum Atmen, sondern leisten auch ihren Beitrag gegen Treibhausgase und Klimawandel. Ganz schön nett für eine Bande erbarmungsloser Killer!

Die Wahrscheinlichkeit

Natürlich sind nicht alle Geschichten über Killerbakterien erstunken und erlogen. Pro Land und Jahr sterben durchschnittlich 35 Menschen, weil sie sich mit einer gewöhnlichen Krankheit angesteckt haben – in manchen Ländern deutlich mehr, in anderen deutlich weniger. Dein persönliches Risiko richtet sich auch nach deinem Verhalten. Wenn du im Abwasserkanal schwimmen gehst oder dich mit offenem Mund über die Hundewiese rollst, bekommst du sicher einen Haufen Bakterien ab, darunter wahrscheinlich auch ein paar bösartige[*]. Hängst du dagegen ganz normal in deinem Zimmer, im Garten, am Strand, im Park oder in irgendeinem öffentlichen Gebäude rum, wirst du dir kaum krank machende Bakterien einfangen. Trotzdem musst du ein paar grundlegende Regeln befolgen, aber dazu gleich mehr. Wenn du dich daran hältst, sinkt die Wahrscheinlichkeit, an einer gängigen Infektionskrankheit zu sterben, auf unter eins zu einer Million.

---

[*] Okay, ich habe keine Ahnung, warum du dich mit offenem Mund über die Hundewiese rollen solltest; außer du willst deinem Hund beibringen, was er machen soll, wenn du »Rolle!« rufst. Aber ist es das wirklich wert?

Alles in allem . . .

. . . ist es reine Zeitverschwendung, jedem einzelnen Bakterium aus dem Weg zu gehen. Warum? A) Weil dir die meisten überhaupt nichts anhaben können und B) weil es sowieso völlig unmöglich ist!

Ganz im Gegenteil, es schadet dir sogar, wenn du jeden Keim an deinem Körper und in deiner Umgebung abtötest. (Oder es zumindest versuchst!) Wer ausschließlich antibakterielle Seife benutzt und ständig Desinfektionsmittel versprüht, schwächt sein Immunsystem. Eigentlich ist das ganz logisch. Du erinnerst dich doch an die »Türsteherzellen« von vorhin? Tja, wenn der Körper vergleichsweise wenig Bakterien ausgesetzt ist, können unsere Rausschmeißerlein kaum neue Ausweise abspeichern – und wenn in Zukunft ein »böses« Bakterium auftaucht, hat es viel bessere Chancen, unbemerkt durchzuschlüpfen.

Also übertreib's nicht, sondern halt dich nur an die folgenden Regeln:

- Hände waschen! Nicht ständig, aber auf jeden Fall nachdem du auf dem Klo warst und bevor du dich an den Esstisch setzt. Man muss sich die Bakterien ja nicht gleich in den Mund schaufeln und runterschlucken.

- Nicht popeln oder Nägel kauen! Denn damit lädst du die Bakterien zu einer Gratis-Taxifahrt ein – von den dreckigen Fingernägeln auf direktem Weg in deinen Körper. Außerdem ist es einfach nur eklig.

- Kratzer, Schnitte, Verbrennungen, Bisse (egal von wem) und andere Wunden sofort säubern und desinfizieren! Sonst schleichen sich die Bakterien durch das Loch in deinem Schutzmantel in den Körper . . .

Alles klar? Okay, dann kannst du jetzt ganz offiziell aufhören, dir wegen irgendwelcher Keime den Kopf zu zerbrechen. Das hat die Evolution nämlich schon für dich erledigt und dafür hat sie sich viele Millionen Jahre Zeit genommen. Du kannst dich ruhig auf die Rausschmeißer deines Immunsystems verlassen, die gleich hinter der Tür zu deinem Körper lauern. Stöbern die ein Bakterium auf, das nicht zur Party eingeladen ist, wird nicht lange gefackelt ...

Furchterregende Fakten

Bakterien können überall auf der Erde überleben. Manche segeln ihr ganzes Leben lang durch die Atmosphäre, andere schlummern in über 1.500 Metern Tiefe. Manche halten es das ganze Jahr bei bis zu -50 Grad im antarktischen Eis aus, andere hausen in Vulkanschloten an den tiefsten Punkten des Meeres, wo es über 130 Grad heiß ist.

GARSTIGES GAMMELESSEN
Mikromonster greifen an

Hast du schon mal was gegessen, das dir »nicht bekommen«
ist? Vielleicht eine verdächtige Bratwurst, die etwas zu lange in
der Frittenbude lag? Oder einen zwielichtigen Joghurt, den du
ganz hinten aus dem Kühlschrank gezogen hast? Wahrscheinlich ist dir so was schon mal passiert. Zum Glück wird einem
danach meistens nur ein bisschen schlecht, schlimmstenfalls
muss man mal eben zur Toilette spurten ... Aber – und das ist
ein sehr, sehr großes ABER – wenn die leckere Mahlzeit ausgerechnet das Bakterium *Clostridium botulinum* enthalten hat,
hat man ein ernsthaftes Problem. Diese Mikromonster bekommen einem nämlich gar nicht gut. Also überhaupt nicht. Normalerweise lümmelt das Bakterium friedlich in der Erde herum,
doch wenn es sich in Lebensmittel (meistens Gemüse) und damit in den menschlichen Körper einschleicht, haut es richtig
auf den Putz.

Das Bakterium *Clostridium botulinum* bildet bei der Vermehrung *Botulinumtoxin,* das stärkste Bakteriengift der Welt (zumindest von den Giften, die man bisher entdeckt hat). Es lähmt
Nerven und Muskeln, bis man nicht mehr sprechen, schlucken
und zuletzt atmen kann. Ein einziges Gramm kann eine Million
Menschen töten, für ein einzelnes Kind oder einen Erwachsenen braucht es nicht mal ein Nanogramm (also weniger als
0,000000001 Gramm). Hast du keine Lust auf Gemüse, gibt es
keine bessere Ausrede als das tödliche Botulinumtoxin. Nur leider ist auch diese Ausrede nicht besonders gut, denn das Bakterium lässt sich ganz leicht abtöten – man muss das Gemüse
nur ordentlich waschen und kochen. Außerdem ist es eine gute
Idee, kein Fleisch, Fisch oder Gemüse aus *uralten* Konservendo-
sen zu essen. Ansonsten ist es zweifellos besser für dich, Gemüse zu essen, als kein Gemüse zu essen. Deshalb hat deine
Mutter absolut recht, wenn sie dir auch weiterhin Gemüse auf
den Teller schaufelt. Tut mir leid, aber ich kann es auch nicht

Die Angst

Es führt kein Weg daran vorbei: Wir müssen essen und die meisten von uns essen sogar dreimal am Tag. Also nehmen wir in unserem Leben insgesamt über 70.000 Mahlzeiten zu uns – und jede einzelne könnte einen Mikroorganismus enthalten, der uns ins Krankenhaus oder gleich ins Grab bringt. Sicher, oft werden wir nach einem verdorbenen Essen nur ein bisschen müde oder klagen ein paar Stunden über ein fieses Magenzwicken. In anderen Fällen hocken wir auf oder vor dem Klo, während die Leckereien unten oder oben aus uns herausschießen (hoffentlich nicht beides gleichzeitig). Doch manche dieser »Lebensmittelbakterien« können uns lähmen oder sogar töten – was anscheinend gar nicht so selten vorkommt, da die Zeitungen ständig davon berichten.

Im Käse lauern listige *Listerien,* in ergrautem Fleisch und schlieriger Milch kampieren clevere *Campylobacter,* in Hühnchen, Eiern, Schokolade und weiß Gott wo siedeln sadistische *Salmonellen.* Jeden Tag, auf der ganzen Welt, werden Millionen Menschen von einer einzigen Plage heimgesucht: der (tadadaa!) Lebensmittelvergiftung!

Hast du schon mal *Fugu* gegessen? Wenn nicht, würde ich dir raten, auch in Zukunft die Finger davon zu lassen. *Fugu* ist eine japanische Delikatesse, die aus dem Fleisch des hochgiftigen Kugelfisches hergestellt wird. Angeblich wird den Köchen extra beigebracht, wie sie die Giftdrüsen rausschneiden müssen, bevor sie den Fisch zerschnippeln und servieren – und trotzdem kippen danach jedes Jahr ein paar Leute tot um. Ich habe selbst mal *Fugu* gegessen, allerdings ohne zu wissen, was ich da tue. Aber es ist gut gegangen und so kann ich dir berichten, wie es geschmeckt hat: Nicht schlecht. Aber auch nicht so gut, dass ich dafür sterben würde.

Wir müssen essen, auch wenn uns unser Essen umbringen will. Es geht nicht anders. Also was tun?

Die Realität

Das war natürlich übertrieben. Unser Essen (abgesehen vom japanischen Kugelfisch) will uns nicht umbringen, genauso wenig wie die meisten Bakterien, die sich darin tummeln. Aus dem letzten Kapitel wissen wir, dass weniger als fünf Prozent aller Bakterien (ob sie nun in Lebensmitteln hausen oder nicht) tatsächlich gefährlich sind. Schließlich ist unser Immunsystem nicht von schlechten Eltern.

Trotzdem schaden uns manche Bakterien, wenn wir sie runterschlucken. Einer von drei Menschen holt sich irgendwann im Leben eine richtige Lebensmittelvergiftung. Allein in den USA trifft es jährlich 76 Millionen Leute, auf anderen Kontinenten sind es genauso viele oder noch mehr (außer in der Antarktis, denn da leben einfach zu wenig Menschen). Doch diese »Vergiftungen« sind zum Glück meist nicht halb so tragisch wie die »tödlichen Seuchen«, von denen gerne in den Medien berichtet wird.

Zum Beispiel das berüchtigte *E.-coli*. Eigentlich ist *E.-coli* ein ganz harmloses Bakterium, das bereits milliardenfach in unseren Därmen lebt. Jeden Tag nehmen Millionen Menschen mit ihrem Essen *E.-coli* zu sich, ohne dass ihnen davon schlecht wird. Probleme machen nur sehr seltene Typen *(Stämme)* des

Bakteriums. Für die letzten »*E.-coli*-Ausbrüche« in Europa und Nordamerika war zum Beispiel Nummer 0157:H7 zuständig, ein besonders fieser Stamm. Er produziert ein Gift, das *Shiga-Toxin*, das Erbrechen und Durchfall auslösen und ja, sogar tödlich sein kann. Doch glücklicherweise ist der Stamm extrem selten, er mischt nur bei 1,5 Prozent aller Lebensmittelvergiftungen mit. Und was noch besser ist: 90 bis 95 Prozent aller Menschen, die ihn trotzdem abbekommen, überleben!

Einfache Lebensmittelvergiftungen sind ziemlich häufig, schwere Erkrankungen oder sogar Todesfälle durch Lebensmittelvergiftungen ziemlich selten. So einfach ist das. Dein Essen will dich nicht umbringen – es will nur vernünftig aufbewahrt und zubereitet werden. Dann tut es dir ganz sicher nichts zuleide.

Die Wahrscheinlichkeit

In manchen Ländern treten Lebensmittelvergiftungen öfter auf, in anderen seltener. In Entwicklungsländern sterben jedes Jahr 1,8 Millionen Menschen an Mikroorganismen im Essen oder Wasser, in Teilen Afrikas und Asiens gehören Lebensmittelvergiftungen zu den häufigsten Todesursachen. Meistens liegt es am verschmutzten Wasser, an fehlender Kanalisation und Kläranlagen, an mangelnden Krankenhäusern und Ärzten. In wohlhabenden Ländern wie Großbritannien, den USA oder Deutschland erwischt es viel weniger Menschen, aber immer noch ein paar Hundert bis mehrere Tausend im Jahr, also viel zu viele. Insgesamt liegen die Chancen, an einer Lebensmittelvergiftung zu sterben, bei circa eins zu 3.000.000. Gibt Schlimmeres, was?

Alles in allem . . .

Zugegeben, Lebensmittelvergiftungen sind so häufig, dass man sie durchaus ernst nehmen sollte. Aber man kann die Gefahr bannen, indem man sich an ein paar simple Regeln hält.

Wer seine Lebensmittel ordentlich aufbewahrt und zubereitet (und auch isst!), darf ganz entspannt reinhauen. Dann macht Essen auch wieder Spaß . . .

Vor allem muss man verhindern, dass die Bakterien in aller Ruhe auf den Lebensmitteln wachsen können – und wenn sie schon da sind, muss man sie abtöten. Glücklicherweise ist das gar nicht so schwer:

- Frische Lebensmittel wollen richtig gelagert werden, am besten im Kühlschrank. Wenn du das Zeug länger aufheben willst, steckst du es lieber gleich ins Gefrierfach oder in die Tiefkühltruhe und taust es später wieder auf.

- Der Kühlschrank tötet die Bakterien in der Regel aber nicht ab, sondern lässt sie nur langsamer wachsen. Wenn du lange genug wartest, werden dir deshalb auch Eier oder Joghurts im Kühlschrank schlecht. Guck daher öfter mal auf der Packung nach, wie lang die Sachen noch haltbar sind.

- Sogar das Einfrieren können Bakteriensporen überleben – und wenn sie dann aufgetaut werden, vermehren sie sich umso schneller. Deswegen darfst du einmal aufgetaute Lebensmittel auf keinen Fall wieder einfrieren!

- Bei manchen Lebensmitteln, zum Beispiel Fleisch und Eiern, ist es extrem wichtig, dass sie nach dem Braten oder Kochen *ganz durch* sind. Du musst sie also *durch und durch* erhitzen, um auch die Bakterien in der Mitte zu töten. Es bringt nichts, wenn ein Steak außen halb verkohlt und innen lauwarm ist. Besonders Mikrowellen können dir da böse Streiche spielen. Am besten, du schaust immer auf der Packung oder im Kochbuch nach.

- Vielleicht denkst du dir jetzt: Hey, ich hab aber mal gesehen, wie einer ein rohes Ei getrunken hat! Und wie einer ein total blutiges Steak verschlungen hat! Und die sind danach nicht tot umgekippt! Stimmt schon, man kann das Zeug auch roh essen, Sushi ist ja auch roher Fisch. Aber dann muss man sich eben absolut sicher sein, dass es *wirklich ultrafrisch* ist, denn auf nicht ganz so frischen Lebensmitteln konnten sich die Bakterien bereits gemütlich vermehren. Bist du dir nicht sicher, haust du das Zeug lieber gleich in die Pfanne und zeigst den Biestern, wo der Kochlöffel hängt!

🖐 Beim Kochen musst du rohe Lebensmittel und bereits gekochte, gebratene oder gebackene Lebensmittel immer streng voneinander trennen, damit du keine Bakterien von den einen auf die anderen überträgst. Deshalb ist es auch keine schlechte Idee, immer gründlich Hände zu waschen, nachdem du rohe Lebensmittel berührt hast. Sonst wandern die Bakterien später von deinen Fingern auf das fertige Essen und geradewegs in deinen Mund!

🖐 Ist das Essen endlich fertig, solltest du es nicht erst Stunden später verputzen – sonst können sich zu viele Bakterien aus der Luft auf dem Teller niederlassen und vermehren. Falls du nicht gleich zum Essen kommst, stell es lieber in den Kühlschrank.

🖐 Zu guter Letzt die wichtigste Grundregel: Wenn dir etwas komisch vorkommt, weg damit! Merkwürdige Gerüche kommen nicht aus dem Nirgendwo, meistens ist dann auch irgendetwas faul. Also schmeiß es lieber gleich weg und lass die Bakterien im Müll weiterwachsen. Ist doch besser, als das verdächtige Zeug zu schlucken und hinterher ängstlich auf den Magen zu lauschen . . .

Rückwärts essen für Anfänger
(Achtung: Jetzt wird's richtig eklig!)

Als Kind war ich ein furchtbar schwieriger Esser. Meine Mutter konnte machen, was sie wollte, ich hatte einfach keinen Appetit auf Gemüse! Und Hühnchen, Rindfleisch und Fisch kamen mir nur als Nuggets, Burger und Stäbchen auf den Teller ...

Nach der Studentenzeit und meinem ersten Jahr in Japan waren diese Probleme im wahrsten Sinne des Wortes gegessen. Ich aß alles Mögliche an rohem und gekochtem Gemüse, und ich stellte überrascht fest, dass ich total auf Sashimi und Sushi stand (klein geschnippelter roher Fisch, teils mit klebrigen Reisklümpchen serviert). Irgendwie schmeckten diese frischen, rohen Sachen nach viel mehr und so probierte ich immer wilderes Zeug aus. Mit der Zeit wurde ich richtig mutig: Auf rohen Fisch folgten rohe Shrimps, Krabben und Quallen, sogar rohe Seegurke (und das ist kein Gemüse, sondern ein langer, warziger Meeresbodenbewohner). Zu meinen Leibgerichten zählte Shabu-Shabu – hauchdünne, fast rohe Rindfleischscheiben. Man schwenkt sie nur zweimal in kochendem Wasser, um die Bakterien zu töten, und ab in den Mund damit! Eine saftige, köstliche Leckerei.

Eines schönen Abends gingen wir in ein Restaurant, ich und ein paar Lehrer von der Schule, an der ich arbeitete. Die anderen bestellten sich alle Namatori – kleine Stückchen rohes Hühnerfleisch auf einer Schüssel Reis. Nur ich war ein wenig skeptisch. »Rohes Hühnchen?«, fragte ich. »Das kann doch gar nicht gut gehen.«

»Doch, natürlich«, erklärte mein Freund Makoto, »das ist total frisch, genau wie Sushi. Schmeckt gut!«

Makoto hatte mir übrigens schon den tödlichen Kugelfisch empfohlen. Anscheinend hatte ich nichts daraus gelernt. Oder war ich einfach zu stolz auf meinen eisernen Magen? Ich weiß es nicht. Ich weiß nur noch, dass ich mir tatsächlich eine eigene Schüssel rohe Hühnchenfetzen bestellte und prompt herunterschlang.

Auch wenn ich dabei lieber nicht allzu genau hinsah, denn das Zeug hatte doch ziemliche Ähnlichkeit mit Katzenfutter aus der Dose.

Am nächsten Morgen beschloss mein Körper, mir eine schmerzhafte Lektion zu erteilen. Thema: »Bakterien und rohes Fleisch«.

Bei manchen Lebensmittelvergiftungen kotzt man, bis man das Gefühl hat, den kompletten Körperinhalt in die Schüssel gespuckt zu haben. Bei anderen sitzt man auf dem Klo, bis man das Gefühl hat, den kompletten Körperinhalt in die Schüssel gekackt zu haben. In diesem Fall hatte ich anscheinend *zwei* komplette Körperinhalte auf Lager, die beide gleichzeitig zu beiden Enden rauswollten.

Schließlich lag ich halb bewusstlos und um ein paar Kilo leichter im Krankenhausbett. Ich hing am Tropf, durch eine Nadel in meinem Arm wurde ich mit einer Mischung aus Salzen und Vitaminen versorgt. Keinem meiner Freunde war es ergangen wie mir, die anderen hatten die Namatori-Attacke heil überstanden. Anscheinend waren sie immun gegen die Bakterien, die in den letzten 24 Stunden in meinen Därmen gewütet hatten.

Nicht, dass ich heute kein japanisches Essen mehr anfassen würde. Nicht, dass ich heute kein Sushi mehr essen würde – ganz im Gegenteil! Aber bei rohem Hühnchen ist für mich Schluss. Und ich würde dir raten, es genauso zu halten. Außer du willst unbedingt wissen, wie man sich als Körperflüssigkeiten speiender menschlicher Vulkan fühlt.

SPRITZEN, ÄRZTE, ZAHNÄRZTE
Mein Albtraum, die Spritze

Ich zählte die Tage, die mir noch blieben, und mit jedem Tag wurde es schlimmer: Einen Monat davor war die Spritze dünn, spitz und acht Zentimeter lang. In meiner Vorstellung kreischte ich vor Schmerz, während die Krankenschwester das Kolbendings langsam herunterdrückte. Eine Woche davor war die Nadel auf die doppelte Länge angewachsen, nun ähnelte sie eher einem eisernen Strohhalm, und als die fies kichernde Krankenschwester das Monstrum in meine Schulter rammte, starb prompt mein ganzer Arm ab. Eine Stunde davor, im Wartezimmer, entwickelte sich mein Tagtraum zu einem ausgewachsenen Horrorfilm: Eine Schar Ärzte und Krankenschwestern presste mich auf die Liege und trieb mir eine 30 Zentimeter lange Stahlspitze in den Arm, mindestens so breit wie ein Bleistift. Im nächsten Moment schoss das Blut in hohem Bogen hervor und spritzte auf ihre wahnsinnig lachenden Gesichter, während ich schrie, schrie, schrie ... Yaaaarrrgghhlll!

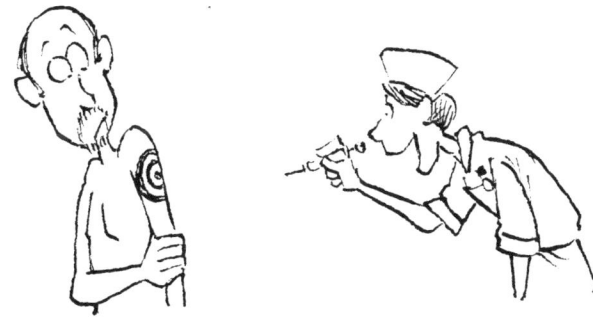

Die Angst
Trypanophobie, die Angst vor Spritzen, leuchtet auf Anhieb ein. Ist doch klar, dass man sich vor Spritzen fürchtet. Das ist vollkommen logisch und auch ziemlich sinnvoll. Ich meine, da bedroht dich eine wildfremde Person mit einem spitzen Ge-

genstand! Da würde doch jeder vernünftige Mensch das kalte Grausen bekommen!

Und was ist mit Zahnärzten? Die haben nicht nur Spritzen auf Lager, sondern auch noch Bohrer und Zangen, einen ganzen Schrank voller blitzblank polierter Folterwerkzeuge. Und du liegst mit weit aufgesperrtem Mund da und kannst nicht mal schreien (höchstens grunzen oder quieken), während der Zahnarzt ohne Rücksicht auf Verluste in deinem Gaumen bohrt und kratzt und wahllos an deinen wertvollen Zähnen zerrt! Kein Wunder, dass die *Dentalphobie,* die Angst vor Zahnbehandlungen, in der großen Angst-Hitparade noch weiter oben steht als die Angst vor Spritzen.

Aber man kann sich auch generell vor Ärzten und Krankenschwestern oder Arztbesuchen fürchten – das nennt man dann *Iatrophobie.* Warum auch nicht? Ärzte und Krankenschwestern beäugen dich erst kritisch, um dir dann in Ohren, Augen, ja sogar im Hals herumzustochern. Und warum treffen sie dabei eigentlich immer die Stellen, wo es am meisten wehtut? Doch das Schlimmste kommt noch – diese Gestalten können dich ins Krankenhaus schicken, und was die Chirurgen da mit dir anstellen, während du hilflos auf dem Operationstisch liegst, willst du dir wirklich nicht vorstellen. Da kannst du froh sein, wenn du hinterher nur deine Mandeln los bist.

Außerdem könntest du ja mittendrin aufwachen. Oder der Chirurg hat es von vornherein auf dich abgesehen. Oder das ganze Pack – Ärzte, Zahnärzte, Krankenschwestern – macht gemeinsame Sache, um dich mit ihren Nadeln, Bohrern und Skalpellen zur Strecke zu bringen. Also ich werde schon bei dem Gedanken daran krank!

Die Realität

Okay, okay. Es reicht wirklich. Sooooo schlimm sind Spritzen auch wieder nicht und weder Ärzte noch Zahnärzte haben es auf dich abgesehen. Manche dieser Phobien entwickeln sich aus schlechten Erfahrungen, zum Beispiel weil ein Zahn sich einfach nicht ziehen lassen wollte oder weil ein ungeduldiger, mürrischer Arzt hastig an einem armen Patienten rumgedrückt hat. Aber eigentlich läuft es anders; meistens sind die guten, alten Horrorgeschichten schuld, die wir in den Nachrichten, in Filmen oder von anderen Leuten hören.

Wenn Freunde von Spritzen oder Krankenhausbesuchen erzählen, übertreiben sie gern mal ein bisschen, damit ihre Geschichten spannender, dramatischer und interessanter wirken. Das weiß ich aus eigener Erfahrung – die Spritzenstory vom Anfang stammt von mir. Klar, die echte Nadel war dann ziemlich winzig und tat auch gar nicht weh, aber das habe ich meinen Freunden natürlich nicht verraten. Die mussten glauben, ich hätte tatsächlich ein Blutbad erlebt. Wahrscheinlich habe ich damit selbst ein paar *Trypanophobiker* auf dem Kerbholz ...

Aber wie sieht die Wahrheit aus? Ja, ab und zu werden Menschen von Ärzten verletzt oder sogar getötet, aber eben nur *extrem* selten. Doch die Nachrichten picken sich immer die wenigen schwarzen Schafe heraus – denn was soll man schon über die Tausenden hervorragenden, fürsorglichen Ärzte und Krankenschwestern berichten?

Das Blöde ist, dass die Angst meist immer weiter anwächst, je näher der Arztbesuch rückt. Kennst du das, wenn man schweißgebadet im Wartezimmer sitzt, unruhig auf dem Stuhl hin und her rutscht und sich immer beklommener fragt, was passieren wird, *wenn man dran ist?* Dann weißt du auch, dass sich die Angst ganz verschiedene Strategien ausdenkt, um dich in den Griff zu kriegen. Manchmal kommt sie ganz plötzlich, in einer Art Überraschungsangriff auf dein gesamtes Denken und Fühlen. Manchmal steigert sie sich langsam von einem leichten Unwohlsein zur waschechten Panik. Und was ist schlimmer? Kommt ganz drauf an, wen man fragt ...

Manche Leute hassen böse Überraschungen wie die Pest. Wenn du diese Leute fragst, was sie so richtig, richtig furchterregend fänden, antworten sie vielleicht: einen fauchenden Tiger, der aus dem Nichts auftaucht! Aber stell dir mal vor, du wüsstest schon vorher, dass der Tiger übermorgen auftauchen wird, und zwar um exakt zehn Uhr morgens. Du wüsstest, dass er dich auffressen wird und dass du nichts daran ändern kannst*. Ginge es dir dann besser? Oder wäre alles nur noch schlimmer? Manche Leute sagen: Dann kann ich mich wenigstens gedanklich auf den Schock vorbereiten! Aber bringt dir das wirklich was? Wie soll man sich auf so etwas Schreckliches vorbereiten? Vor allem wenn man rein gar nichts dagegen tun kann?

Ja, die meisten (vielleicht sogar alle) Menschen hätten überhaupt nichts davon, wenn sie im Vorhinein von der Tigerattacke wüssten. Du würdest dir zwangsläufig ausmalen, wie dein Tigererlebnis im Detail aussehen wird, und dadurch nimmt die Angst erst recht zu. Äußerlich betrachtet macht sie sich zu Beginn vielleicht kaum bemerkbar: Du ziehst die Augenbrauen zusammen, spannst Schultern und Nacken an, atmest eventuell etwas rascher. Doch während die Stunden verrinnen, verwandelt sich die Angst in *Stress*. Das Gehirn registriert deine angespannten Muskeln und deine rasche Atmung und schließt daraus, dass du ernsthafte Probleme hast. So große Probleme, dass du vielleicht gleich kämpfen oder fliehen musst – und weil dein Gehirn auf deiner Seite ist, will es dich darauf vorbereiten: Es schickt Hormone *(körpereigene Wirkstoffe)* in den Blutkreislauf, die deinen Herzschlag weiter beschleunigen und das Blut vom Verdauungstrakt zu den Muskeln pumpen. Dadurch spannen sich deine Muskeln noch weiter an, du atmest noch rascher und flacher

---

* Nein, es würde auch nichts bringen, eine klobige Ganzkörperrüstung anzulegen oder dich in einen tigersicheren Käfig einzusperren.

und im Magen wird dir ein bisschen schummrig oder richtig übel.

Irgendwann fallen dir diese glasklaren Signale auf – und dein Gehirn denkt sich natürlich: Mensch, wenn es mir so übel geht, stecke ich offensichtlich *richtig* in Schwierigkeiten. Daraufhin macht dein Körper noch mehr Stress und so entwickelt sich eine Angstspirale, die sich kaum noch kontrollieren lässt. Am Ende kann der Kreislauf aus Gedanke-Reaktion-Gedanke-Reaktion zu stärkeren körperlichen Signalen führen: Zittern, Schluchzen, Heulen. Durch diese Rückkopplung steigert sich die Angst von einer Stufe zur nächsten, von »leichter Besorgnis« zur »absoluten Panik«.

Klar, niemand will von einem fauchenden Tiger verspeist werden. Das wäre keine besonders schöne Überraschung. Sondern eine tödliche. Aber wenn wir vorher Bescheid wissen, schaukelt sich die Panik nur immer weiter auf, bis es dann tatsächlich so weit ist. Und was soll das bringen?

Genauso läuft es mit nicht ganz so tödlichen, aber trotzdem ziemlich unangenehmen Erfahrungen. Das heißt, eigentlich reicht es schon, wenn du *glaubst,* dass es unangenehm sein wird. Vielleicht sollst du eine Spritze bekommen oder der Zahnarzt muss dir einen Zahn ziehen oder deine Mandeln sollen raus. Wenn du lange genug darüber nachdenkst, verwandelt sich der Arzt in deiner Vorstellung in einen fauchenden Tiger. Aber er *ist* eben kein fauchender Tiger. Ehrlich nicht. In Wirklichkeit sind die meisten Spritzen, Zahnziehaktionen und Mandeloperationen ziemlich harmlos. Ja, in der Regel tun sie nicht mal weh.

Spritzen sind nämlich meist ziemlich winzig – die Nadel ist bloß ein paar Zentimeter lang und ihr Durchmesser beträgt nicht mal einen Millimeter. Und warum hinterlassen manche Impfungen (zum Beispiel die Tuberkuloseimpfung) dann einen Fleck auf der Haut? Der kann doch nur von einer Riesennadel stammen, oder? Nein. Die Haut reagiert mit dem Impf-stoff, das ist alles.

Oder die berüchtigten Zahnärzte. Sicher, die kratzen und bohren in deinem Gaumen herum, verpassen dir Füllungen und Zahnspangen. Aber wenn du einen guten Zahnarzt hast, der ein gutes Betäubungsmittel verwendet, musst du dir keine Sorgen machen. Dann spürst du im Allgemeinen nur einen leichten Druck auf den Kiefer.

Andere Ärzte tasten dich mit den Fingern ab, um wunde Punkte aufzuspüren (wo es Entzündungen oder innere Verlet-zungen geben könnte), und untersuchen dich mit Instrumen-ten wie dem *Stethoskop* (dem kalten Dings zum Am-Herzen-Horchen), dem *Otoskop* (dem Teil zum Ins-Ohr-Gucken) oder dem *Ophthalmoskop* (dem Augen-Untersuchungs-Apparat). Aber nichts davon tut richtig weh, erst recht nicht die Instru-mente selbst. Hinterher bekommst du für gewöhnlich noch ei-ne Medizin verschrieben und darfst nach Hause gehen. Okay, manchmal darfst du *nicht* nach Hause gehen, sondern musst ins Krankenhaus – aber selbst die meisten Operationen tun nicht weh. Dafür kannst du dich beim *Anästhesisten* bedan-ken, der den fraglichen Körperteil oder gleich den ganzen Pa-tienten einschläfert, während der Chirurg seine Arbeit macht.

Wenn du aufwachst, bist du deine Mandeln los (oder deinen Blinddarm oder irgendwas anderes), aber ansonsten ist dir höchstens ein bisschen unwohl.

Die Angst vor Ärzten und Co. hat meist einen ganz einfachen Grund: Du hast keine Ahnung, was passieren wird, wenn es so weit ist (oder du lässt dich durch Hirngespinste in die Irre führen). Sobald du weißt, was du zu erwarten hast, kannst du die Angst gezielt in Schach halten; dann schaukelt sie sich gar nicht erst zum richtigen Stress oder gar zur Panik auf. Und das Beste ist, dass dir die meisten Krankenschwestern, Ärzte und Zahnärzte sogar dabei helfen – sie erzählen dir immer, was sie gerade machen, damit du stets auf dem Laufenden bist.

Die Wahrscheinlichkeit

Eine normale Spritze, ärztliche Untersuchung oder Zahnbehandlung wird mit allergrößter Wahrscheinlichkeit *nicht* schiefgehen und dir deshalb auch nicht schaden – die Chancen dafür liegen irgendwo bei vielen Millionen zu eins. Operationen im Krankenhaus haben dagegen verschiedene Risiken, je nachdem, worum es sich handelt. Mandel- und Blinddarmoperationen werden jeden Tag durchgeführt und gehen quasi immer glatt, Nieren- und Lebertransplantationen sind etwas problematischer.

Aber betrachte das Ganze doch mal von der anderen Seite: Wenn du einer Spritze, einer ärztlichen Untersuchung oder einem Besuch beim Zahnarzt aus dem Weg gehst, ist die Wahrscheinlichkeit, dass du krank wirst oder Schmerzen bekommst, viel, viel höher. Ärzte und Krankenschwestern wollen dir nicht wehtun, ganz im Gegenteil, sie wollen dich heilen. Wenn nötig, solltest du auf alle Fälle bei ihnen vorbeischauen und schön stillhalten, damit sie ihre Arbeit machen können.

Alles in allem . . .

. . . musst du vor Impfungen, Blutabnahmen und anderen Spritzen wirklich keine Angst haben. Die winzige Nadel kann dir sowieso nichts anhaben und meistens spürst du eher ein kleines Zwicken als ein richtiges Stechen. Egal, was deine Freunde für wilde Geschichten erzählen – keine Panik vor der Spritze! Und wenn du immer noch Angst hast, stell dir einfach vor, was für Schmerzen die Krankheit verursachen würde, vor der dich die Impfung bewahren soll. Ich wette, dann nimmst du den kleinen Pikser gerne in Kauf.

Auch vor Ärzten musst du dich nicht fürchten. Ob du es glaubst oder nicht, die wollen dir wirklich nur helfen. Am besten ist es, wenn du ihnen vertraust und offen und ehrlich mit ihnen sprichst. Klar, ab und zu müssen sie dich abtasten, um dich zu untersuchen, aber deshalb musst du noch lange nicht vor jedem Arztbesuch zittern. Und du kannst dir sicher sein, sie tun dir bestimmt nicht mit Absicht weh. Nein, sie werden sogar extra ausgebildet, um auf deine Schmerzen und Sorgen zu achten. Sag ihnen einfach, wenn es dir nicht gut geht oder wenn du Angst hast, dann helfen sie dir, das Ganze zu überstehen.

Mit Zahnärzten ist es genauso, auch die wollen dir nicht wehtun. Vielmehr tun sie alles, um unnötige Schmerzen zu vermeiden – und die meisten haben das so gut drauf, dass sie bohren oder sogar Zähne ziehen können, ohne dass du groß was merkst. Manchmal bohren und kratzen sie gar nicht richtig, sondern verwenden spezielle Druckluftwerkzeuge, die den Zahn mit einer Mischung aus Luft und feinsten Partikeln bearbeiten. Ja, manche benutzen sogar Laser, damit der Patient gar nichts spürt! Bei den meisten Zahnärzten tut auch die Spritze nicht weh: Um eine bestimmte Stelle zu betäuben, geben sie dir mehrere winzige Spritzen in die Haut über dem Zahnfleischrand, wo du kaum etwas spürst. Wenn du doch mal eine größere Spritze brauchst, können sie sogar mit ein paar kleineren Spritzen vorsorgen, damit der dicke Brummer nicht ganz so fest sticht. Und falls du beim Anblick der Spritze trotzdem sofort in Panik verfällst, kann dir der Arzt stattdessen vielleicht eine Betäubungssalbe oder ein Betäubungspflaster geben.

Bei deinem Zahnarzt tut es trotzdem jedes Mal weh? Dann macht er irgendwas falsch. Such dir schleunigst einen neuen! Denn da draußen gibt es wirklich haufenweise gute Ärzte und Zahnärzte. Man muss ihnen nur eine Chance geben, ihr Können zu beweisen. Also alle zusammen: »Aaaaaaaaaaa . . .«

Die schmerzlichen Lehren der Weisheit(szähne)

Jeder hat Weisheitszähne – ja, auch du! Das sind die Backenzähne gaaaaanz hinten im Mund, rechts und links sowie oben und unten, also insgesamt vier Stück. Bei manchen Leuten gucken sie das ganze Leben lang nie aus dem Zahnfleisch heraus, bei anderen drängeln sie sich schon bald nach oben oder unten und drücken dabei so rücksichtslos gegen die Wangen und die anderen Zähne, dass sie auf der Stelle rausmüssen. Aber sie wollen eben nicht raus! Und weil sie größer sind als alle anderen Backenzähne, können sie uns das Leben richtig, richtig schwer machen.

Als ich 16 war, beschlossen meine unteren Weisheitszähne, dass sie endlich ihren großen Auftritt hinlegen wollten – erst zwängte sich der linke hervor, dann der rechte. Der linke war noch ganz nett, der tat wenigstens nicht weh, aber der rechte bohrte sich ungeheuer schmerzhaft in die Wange. Ich musste wohl oder übel zum Zahnarzt.

Als ich zwei Stunden und mehrere Betäubungsspritzen später aus der Praxis kam, spürte ich meine Zunge nicht mehr und meine Backen pulsierten vor Schmerz. Der Zahn war während der Operation in zwei Teile zerbrochen! Zum Glück passiert das nur sehr selten, aber ich hatte eben kein Glück und so musste die Ärztin die Zahnreste herauskratzen, als würde sie nach Gold schürfen. Einmal reicht, dachte ich, als es endlich überstanden war. Und da der linke Weisheitszahn nach wie vor keinen Ärger machte, glaubte ich tatsächlich, ich hätte es geschafft.

Tja, zwei Jahre später entschied der »linke Typ«, dass es ihm bei mir nicht mehr gefiel. Er keilte sich in die Wange und bedrängte die anderen, friedlichen Zähne wie ein nerviger Partygast. Doch ich hatte meine letzte Sitzung in der Folterkammer nicht vergessen und schob den Zahnarztbesuch daher immer weiter hinaus – bis die Schmerzen einfach zu groß wurden. Da hatte ich keine Wahl mehr.

Kaum hatte ich mich (bei einer anderen Zahnärztin) auf dem Stuhl zurückgelehnt, erklärte ich, wie es das letzte Mal gelaufen war. Ich machte sehr deutlich, dass ich mich nicht gerade auf die nächste halbe Stunde freute. Sie nickte eifrig, während sie mein Zahnfleisch mit Spritzen betäubte. Dann plauderte sie mit mir über Fernsehserien und Kinofilme und drückte und ruckelte dabei mit ein paar stumpfen Metallinstrumenten an meinem Zahn herum.

Plötzlich fragte sie: »Willst du ihn behalten?«

»Was behalten?«, erwiderte ich.

»Na, den Zahn.«

»Glaube nicht«, sagte ich mit banger Stimme. »Ich denke, ich will das Ganze hinterher nur so schnell wie möglich vergessen. Aber bitte sagen Sie mir Bescheid, bevor Sie ihn rausziehen, okay? Dann bin ich wenigstens drauf gefasst.«

Sie schüttelte den Kopf. »Zu spät. Ist schon passiert.« Und tatsächlich – sie wedelte mit einer Art eisernem Nussknacker vor meinen Augen herum und in der Mitte steckte mein Zahn!

»Ähhh . . .«, sagte ich. »Wie bitte?«

»Wie gesagt, ist schon passiert.« Sie lächelte. »Also, willst du ihn jetzt behalten oder nicht?«

»Ähhh . . . Okay. Warum eigentlich nicht.« Und ich hatte mir solche Sorgen gemacht! Wegen nichts und wieder nichts! Ich war beinahe enttäuscht. Aber nur beinahe.

Nach diesem Tag war ich um einen dicken Weisheitszahn ärmer, aber um eine sehr wertvolle Weisheit reicher: Keine Angst vor dem Zahnarzt – such dir einfach einen *netten* Zahnarzt! (Oder eine nette Zahnärztin . . .)

4. Unwahrscheinlich, aber nicht unmöglich

Wie wahrscheinlich ist das eigentlich?

Mit Ängsten ist das so eine Sache. Es ist keine gute Idee, immer nur an das zu denken, wovor man sich am allermeisten fürchtet. Nein, das ist eine todsichere Methode, genau diese Angst immer weiter aufzuplustern, bis sie entsetzlicher wirkt als je zuvor. Da ist es schon eine viel bessere Idee, die furchterregenden Menschen/Monster/Mikroben mal aus einem anderen Blickwinkel zu betrachten: Was könnte einem sonst noch alles zustoßen? Schaut man sich das »große Ganze«, den Schrecken dieser Welt an, bekommt man gleich eine viel realistischere Vorstellung von der eigenen Lieblingsangst. Aber das ist natürlich nicht so einfach . . .

Trotzdem haben wir es versucht, wie du sicherlich bemerkt hast. Bei jeder Angst haben wir uns »die Wahrscheinlichkeit« angeschaut – die Wahrscheinlichkeit, mit der das Furcht einflößende Ereignis eintritt. Indem wir diese Wahrscheinlichkeit mit einer Zahl bewerten, ordnen wir sie im Vergleich mit allen anderen Furcht einflößenden Ereignissen in diesem Buch ein. Glücklicherweise war die Wahrscheinlichkeit bisher in fast allen Fällen ziemlich niedrig. Haiangriffe, Asteroideneinschläge, gesichterfressendes Getier . . . Das ist einfach alles ziemlich selten und damit ziemlich unwahrscheinlich, mindestens einszu-viele-Tausend-unwahrscheinlich (wenn nicht Millionen). Beim Anblick solcher Riesenzahlen denken sich die meisten von uns: Eine Million zu eins? Das ist so was von unwahrscheinlich, das passiert überhaupt nie.*

Und damit haben wir recht. Okay, es passiert nicht nie, aber doch so gut wie nie. Aber was, wenn die Zahlen allmählich kleiner werden: 1 zu 10.000, 1 zu 1.000, eins zu 100? Du merkst es bestimmt schon – dein Gehirn schraubt die »gefühlte« Wahrscheinlichkeit ratzfatz hoch. Das geht so schnell, dass wir bald glauben, das Furcht einflößende Ereignis müsste unbedingt (oder doch höchstwahrscheinlich) eintreten. Obwohl die Zahlen immer noch etwas ganz anderes sagen! Woran liegt das? Tja, leider gehört es nicht unbedingt zu den größten Stärken des menschlichen Gehirns, Wahrscheinlichkeiten abzuschätzen.

Wie, das glaubst du nicht? Du willst dein tapferes Gehirn gegen diese unverschämte Verleumdung verteidigen? Dann machen wir doch mal ein kleines Experiment . . .

Stell dir eine Münze vor. Kopf oder Zahl? Egal, denkst du dir bestimmt, die Wahrscheinlichkeit ist genau gleich. Die Münze hat zwei Seiten, also muss die Wahrscheinlichkeit für beide Seiten bei eins zu zwei liegen. Okay, halten wir das erst einmal fest.

Jetzt werfe ich die Münze, sagen wir . . . viermal. Beim ersten Mal kommt Kopf. Beim zweiten Mal kommt wieder Kopf. Beim dritten Mal . . . wieder Kopf. Und beim vierten Mal . . . schon wieder Kopf! Was denkst du, was kommt beim fünften Wurf?

---

* Außer beim Lotto – da denken wir uns plötzlich: Mensch, vielleicht bin ich ja dieser eine in einer Million! Wir sind schon komisch, was?

A) Zahl

B) Kopf (schon wieder!)

C) Weiß nicht, kommt mir irgendwie beides gleich wahrscheinlich vor.

Die meisten Leute antworten mit A. Und warum auch nicht? Schließlich ist schon viermal Kopf gefallen und fünfmal Kopf hintereinander muss doch unwahrscheinlicher sein als viermal Kopf und einmal Zahl. Klingt vernünftig, was?

Sicher, aber die richtige Antwort lautet trotzdem C, so abwegig es auf den ersten Blick auch wirkt. Fünfmal Kopf ist genauso wahrscheinlich oder unwahrscheinlich wie viermal Kopf und einmal Zahl. Oder fünfmal Zahl natürlich. Denn jedes Mal, wenn man eine Münze wirft, beträgt die Wahrscheinlichkeit für Kopf oder Zahl exakt eins zu zwei (beziehungsweise 50 Prozent) – ganz egal, wie oft man schon geworfen hat. Okay, wirft man 1.000-mal, gleichen sich Kopf und Zahl in der Summe mehr oder weniger aus, auch wenn man kaum exakt 500 Köpfe und 500 Zahlen erhalten wird. Doch bei fünf Würfen sind fünf Köpfe (oder Zahlen) hintereinander gar nicht mal so unwahrscheinlich. Deshalb haben wir überhaupt keinen Grund, große Augen zu machen, wenn beim fünften Wurf schon wieder Kopf fällt.

Doch wir machen trotzdem große Augen und daran ist leider wirklich unser armes Gehirn schuld. Unser Hirn hat sich im Lauf der Evolution nämlich zu einem miserablen Wahrscheinlichkeitsrechner entwickelt. Wir verlassen uns nicht auf Berechnungen, sondern auf unser Bauchgefühl, also auf unsere Intuition, und die sagt uns nun mal: »Hey, wenn da schon wieder

Kopf kommt, dann ist das eine Trickmünze* mit zwei gleichen Seiten!«

Noch ein Experiment. Wenn man ein bisschen über Flugzeugabstürze nachforscht, stolpert man bald über solche Zahlen:

- 🖐 Die Wahrscheinlichkeit, bei einem Flugzeugabsturz ums Leben zu kommen, beträgt etwa eins zu vier Millionen.

- 🖐 Jeden Tag fliegen etwa vier Millionen Menschen mit dem Flugzeug.

Vielleicht denkst du dir jetzt: Moooooment. Das heißt . . . jeden Tag kommt irgendwer bei einem Flugzeugabsturz um!!!

Aber das ist natürlich Quatsch. Wie wir gleich erfahren werden, sind tödliche Abstürze unglaublich selten. Dein Gehirn ist mal wieder falsch abgebogen. Es ist dasselbe Spiel wie mit der Münze: Die Wahrscheinlichkeit für Kopf oder Zahl ist jedes Mal gleich, genau wie die Wahrscheinlichkeit, dass das Flugzeug abstürzt oder nicht. Nur stehen die Chancen beim Flugzeug eben nicht fifty-fifty, sondern eins zu vier Millionen! Aber dein Gehirn denkt sich: Mensch, wenn ich jetzt in das Flugzeug da einsteige, werde ich mit ziemlicher Wahrscheinlichkeit dieser eine von vier Millionen sein, der nicht wieder rauskommt. Oder zumindest nicht in einem Stück. Passiert schließlich jeden Tag. Irrtum! Im Durchschnitt müsste man Tausende von Jahren täglich fliegen, um zu Recht mit einem Absturz zu rechnen.

Okay, das wissen wir jetzt. Also warum weigert sich

---

* Was natürlich auch sein könnte. Falls einer deiner Freunde Hobbyzauberer ist, lass dich lieber nicht auf eine Münzwette um dein Taschengeld ein . . .

unser Gehirn immer noch, diese simple Tatsache zu begreifen? Warum hat sich unsere Angst nicht längst in einem kleinen verwirrten Wölkchen aufgelöst? Weil unser Gehirn ein bisschen unvernünftig ist, sobald es um Ängste geht. Wir können uns mit 1.000 Fakten und Zahlen bewaffnen, wir können unfassbar schlau sein – der Teil des Gehirns, der für unsere Gefühle zuständig ist, kann uns trotzdem einen Strich durch die Rechnung machen. Eine einzige starke körperliche Reaktion kann unsere ganze schöne Logik, unsere ganzen sorgfältig errechneten Wahrscheinlichkeiten hinwegfegen: Wenn wir merken, dass sich unsere Muskeln anspannen, dass unsere Handflächen feucht werden und unser Puls beschleunigt, bekommen wir automatisch Angst. Es reicht also nicht, ein paar Fakten und Zahlen auswendig zu lernen. Man muss auch die eigenen körperlichen Signale und Gefühle verstehen lernen, und das kostet viel Mühe.

Aber es ist ein Schritt in die richtige Richtung, die Dinge nüchtern zu betrachten und sich zu fragen: Wie wahrscheinlich ist das wirklich? Das hilft vor allem bei Flugzeugabstürzen und ähnlichen Katastrophen, die auf den ersten Blick ziemlich wahrscheinlich wirken. Aber es hat auch seine Nachteile – wissen wir erst mal, wie furchtbar unwahrscheinlich so ein Flugzeugabsturz im Vergleich zu einem gewöhnlichen Verkehrsunfall ist, trauen wir uns vielleicht bald nicht mehr auf die Straße. Denn das ist viel gefährlicher, als man normalerweise denkt . . .

Ich wette, jetzt hast du erst recht Angst!

FLUGZEUGE . . . UND ÜBERHAUPT: DAS FLIEGEN!!!
Trümmer auf der Startbahn

Das schlimmste Flugzeugunglück aller Zeiten ereignete sich im März 1977 auf der Insel Teneriffa: Auf der nebligen Startbahn stießen zwei Jumbojets zusammen. 583 Menschen kamen ums Leben.

»Das amerikanische Flugzeug rollte schon die Startbahn hinunter, als auf einmal die startende Maschine der niederländischen KLM aus dem Nebel auftauchte, die bereits mit mehr als 200 km/h über die Startbahn beschleunigte. Beide Piloten versuchten sich noch an einem waghalsigen Manöver: Der amerikanische Captain gab vollen Schub und zog scharf nach links, um die Bahn freizugeben, während der niederländische Captain abrupt abhob, um über das entgegenkommende Flugzeug hinwegzufliegen. Doch es war schon zu spät . . . Die beiden Maschinen prallten aufeinander. Sofort regneten brennende Trümmerteile auf das Rollfeld. Erst nach neun Stunden konnte die Feuerwehr das Inferno unter Kontrolle bringen.«

Die Angst

Kaum eine Angst ist so weitverbreitet wie die *Aviophobie*. Vielleicht fürchtest du dich selber vorm Fliegen; wenn nicht kennst du bestimmt jemanden, der unter akuter Flugangst leidet. Hör dich doch mal unter deinen Verwandten und Freunden um! Bei meiner Bande sind sage und schreibe SECHS *Aviophobiker* dabei. Wissenschaftlichen Studien zufolge hat mehr als die Hälfte aller Kinder und Erwachsenen wenigstens *manchmal* Angst vorm Fliegen oder fühlt sich zumindest nicht ganz wohl dabei. Und das finde ich absolut verständlich.

Ich meine, da rast du in einer tonnenschweren Metallröhre durch die Luft! Und musst dich dabei auch noch darauf verlassen, dass ein paar wildfremde Menschen wissen, was sie tun!

Natürlich ist dir klar, dass Fliegen totaaaal sicher sein soll, aber je länger du darüber nachdenkst, desto überzeugter bist du, dass hier irgendwas nicht stimmt. Was macht dieses *Ding* überhaupt so hoch oben in der Luft!? Da hat es doch nichts zu suchen! Gar nichts! Zwischen dir und dem harten Erdboden sind nichts als eine dünne Metallhülle, ein paar keuchende Triebwerke und knapp zehn Kilometer Luft, und hat dich die fiese Schwerkraft erst einmal in die Finger gekriegt, ist das viel weniger, als es von hier oben aussieht. Also starrst du aus dem Fenster und kommst langsam ins Schwitzen. Wenn dieser Flügel abbröselt, denkst du dir, ist alles aus. Oder wenn eines der Triebwerke ausfällt – dann plumpsen wir wie ein flammender Stahlkomet auf die Erde oder versinken tief im Meer, eingesperrt in einen verbogenen Metallkäfig . . .

Ein anderes Wort für *Aviophobie* ist übrigens *Pteromerhanophobie*[*].

Die Realität

Bestimmt hast du es schon 1.000-mal gehört, wahrscheinlich wirst du es noch 1.000-mal hören und vielleicht wirst du es trotzdem nie glauben . . . aber Flugzeuge stürzen tatsächlich sehr, sehr selten ab.

---

[*] Ganz schön lang, was? Stimmt, aber nichts gegen das hier: *Hippopotomonstrosesquipedaliophobie*. Das ist lang, was? Und das ist auch kein Wunder, denn *Hippo* . . . sorry, dieses *Wort* steht für die Angst vor langen Wörtern. Ehrlich! Ich fürchte, ich hab mich selbst damit angesteckt, indem ich dieses Schreckenswort durchgelesen habe . . .

Kannst du dir vorstellen, wie viele Flugzeuge Tag für Tag abheben und landen? Jeden Tag gehen mehr als vier Millionen Menschen in die Luft! Das macht über 1,7 Milliarden Passagiere und über 25 Millionen Flüge im Jahr. Zugleich stürzt jährlich nur eine Handvoll Flugzeuge ab, manchmal sogar gar keines. Außerdem stammen über zwei Drittel aller Flugzeuge am Himmel von europäischen und nordamerikanischen Fluglinien – aber nur ein Viertel der Flugzeuge, die vom Himmel *fallen,* gehörten zu diesen Fluglinien, im Durchschnitt ein einziges pro Jahr (wenn überhaupt). Falls doch mal ein Flugzeug abstürzt, dann meistens in einem ärmeren Land, wo die Maschinen teils nicht so gut gewartet werden. Würden solche Katastrophen nicht so dramatische Bilder für die Fernsehnachrichten hergeben, würden wir vielleicht gar nichts davon mitbekommen. Also können wir uns wieder mal bei den guten alten Horrorgeschichten bedanken, die zumindest für einen Teil unserer Angst verantwortlich sind. Jedes Mal, wenn wir von einem Flugzeugabsturz hören, denken wir: Schon wieder einer! Aber die Medien berichten eben nur über die wenigen Abstürze, nicht über die unzähligen reibungslosen Flüge . . .

In Wirklichkeit ist Fliegen heute sicherer denn je. Die Flugzeuge selbst werden stetig weiterentwickelt, Piloten werden gründlicher ausgebildet, auch die Technologie zur Regelung des Luftverkehrs hat sich verbessert. In den letzten Jahrzehnten sind immer mehr Flugzeuge gestartet und gelandet, aber die Zahl der Abstürze ist in etwa gleich geblieben. Was das heißt, kannst du dir selber ausrechnen – jedes Jahr kam ein größerer Anteil der Maschinen sicher ans Ziel! Kurz gesagt: mehr Flugzeuge, mehr Flüge, aber weniger Abstürze pro Flug. (Damit meine ich natürlich die Gesamtzahl der Flüge geteilt durch die Gesamtzahl der Abstürze, nicht die Anzahl der Abstürze während eines einzigen Flugs. Wenn man sich mit sol-

chen Statistiken herumschlagen müsste, würde ich nie wieder einen Fuß ins Flugzeug setzen!)

Die Wahrscheinlichkeit

Wie wahrscheinlich ist es, dass ausgerechnet *dein* Flugzeug als brennendes Wrack endet? Das hängt ein Stück weit davon ab, in was für ein Flugzeug du steigst und welche Fluglinie den Flug durchführt. Große Flugzeuge wie Jumbojets sind deutlich sicherer als kleine Propellerflugzeuge mit weniger Sitzen. Eigentlich komisch, denn die dicken Brummer sind doch um einiges schwerer! Aber gerade dadurch liegen sie stabiler in der Luft und obendrein dürfen sie erst abheben, nachdem sie extrem sorgfältig durchgecheckt wurden. Was die Fluggesellschaften angeht, haben manche eine total weiße Weste, sprich keinen einzigen tödlichen Absturz bei Millionen Flügen. Bei anderen Fluglinien sieht es ein bisschen düsterer aus, doch selbst bei den »schlimmsten« Fluglinien wie Cubana Airlines oder Air Zimbabwe ist es nicht ganz so tragisch, wie du jetzt vielleicht denkst. Da stürzt etwa ein Flugzeug von 18.000 ab. Bei den meisten anderen Fluggesellschaften liegt die »Absturzrate« zwischen eins zu 2.500.000 und eins zu 5.000.000. Rechnet man das alles zusammen, beträgt die Wahrscheinlichkeit, bei einem Flugzeugabsturz ums Leben zu kommen, circa eins zu 4.000.000. Damit ist es etwa 50-mal wahrscheinlicher, vom Blitz getroffen zu werden, und etwa achtmal wahrscheinlicher, von einem Asteroiden erschlagen zu werden. Gut zu wissen, was?

Meinen Berechnungen zufolge liegt die Wahrscheinlichkeit, dass dein Flugzeug abstürzt, nachdem es von einem Asteroiden *und* einem Blitz getroffen wurde, damit bei eins zu 160.000.000.000.000.000, also eins zu 160 Billiarden. Hätten wir das also auch geklärt!

Alles in allem . . .

Die Zahlen sprechen eine deutliche Sprache: Vorm Fliegen muss niemand Angst haben. Warum ist Flugangst dann trotzdem so weitverbreitet? Einen Teil der Antwort kennen wir bereits: Weil unser Gehirn nicht darauf programmiert ist, auf handfeste Zahlen zu hören. Und der andere Teil der Antwort? Weil sich viele Leute gar nicht vorm Fliegen selbst fürchten – sondern vor etwas anderem, das nur damit zusammenhängt.

Unser Gehirn hatte nämlich gar keine Zeit, eine richtige Angst vorm Flugzeugfliegen zu entwickeln. Flugzeuge gibt es erst seit etwa 100 Jahren und in dieser Zeitspanne hat sich unser Gehirn kaum verändert. Mit dem Flugzeug selbst können unsere angeborenen Instinkte daher gar kein Problem haben, damit können sie schlicht nichts anfangen. Aber sie haben sehr wohl ein Problem, wenn wir in eine enge Röhre gequetscht werden, die dann auch noch kilometerhoch durch die Luft fliegt. Oder wenn wir den Erdboden Hunderte, Tausende Meter unter uns sehen. Oder wenn wir urplötzlich auf Geschwindigkeiten von weit über 400 km/h beschleunigen. Oder wenn wir das Gefühl haben, eingesperrt zu sein, nicht mehr rauszukönnen. Oder wenn wir über dem endlosen Meer schweben. Oder wenn wir durch einen dunklen, undurchschaubaren, grenzenlosen Himmel segeln. Lauter verschiedene Ängste also, die einzeln vielleicht gar nicht so schwer wiegen. Aber beim Fliegen kommt eben alles zusammen, und das kann einem dann richtig zu schaffen machen.

Wenn man starke Flugangst hat, bringt es daher gar nicht so viel, sich ewig mit Flugzeugtechnik und Flugsicherheit zu beschäftigen. Nein, man muss herausfinden, *wovor* man sich eigentlich fürchtet. Vor dem Eingesperrtsein? Vor der Höhe? Vor der Geschwindigkeit? Erst dann kann man sich mit den dazugehörigen körperlichen Reaktionen und Gefühlen auseinandersetzen.

Trotzdem will ich es ein letztes Mal wiederholen, auch wenn es allmählich langweilig wird: Fliegen ist *wirklich* die sicherste Art zu reisen. Ehrlich. Und damit es noch ein bisschen sicherer wird, hältst du dich am besten an folgende Regeln:

- 🖐 Schnall dich immer an, wenn du auf deinem Platz sitzt (auch wenn die Anschnallzeichen nicht leuchten). Nicht weil das Flugzeug jeden Moment abstürzen könnte (kann es nämlich nicht), sondern weil immer wieder *Böen* und *Turbulenzen* auftreten – und man will sich ja nicht gleich den Schädel anhauen, nur weil es mal ein bisschen wackelig wird.

- 🖐 Schau dir die Karten mit den Sicherheitshinweisen an, damit du im Notfall weißt, wie du am schnellsten rauskommst. Dann kannst du dich in Windeseile aus dem Staub machen, falls das Flugzeug doch mal notlanden muss (was aber extrem selten vorkommt). Besonders wenn es brennt oder wenn das Flugzeug *notwassert* (also auf dem Wasser landet), ist das extrem wichtig.

- 🖐 Hör dir bei jedem Flug den Sicherheitsvortrag der Stewardessen und Stewards an, auch wenn du das Ganze schon in- und auswendig kennst. Die Flugbegleiter sind zu deiner und zur Sicherheit der anderen Passagiere da – achtest du nicht auf ihre Anweisungen, gefährdest du also nicht nur dich selbst, sondern auch die anderen. Mach ihnen das Leben leicht, indem du immer gut zuhörst und alles tust, was sie sagen. Dann gehörst du praktisch selbst zur Crew!

Wenn du weißt, dass du perfekt vorbereitet bist, kannst du dich ganz entspannt zurücklehnen. Oder musst zumindest nicht mehr stocksteif vor Angst auf dem Sitz kauern. Genieß einfach das Sausen und Grollen beim Start, die Filme und Spiele während des Flugs, das seltsame Essen, einfach – das Fliegen!

Ein Cowboy-Captain beim Flug-Rodeo

Weil ich mittlerweile in Großbritannien und Amerika Familie habe, fliege ich ständig über den Atlantik hin und her. Das Fliegen selbst macht mir gar nicht so viel aus, den Start und die Landung finde ich sogar ziemlich spaßig, vor allem wenn das Flugzeug mit einem lauten *Wuuuuusch* über den Asphalt brettert. Aber wem macht es schon Spaß, von jetzt auf gleich durchgerüttelt zu werden wie eine Babyrassel? Das passiert, wenn die Luft bei *Böen* oder *Turbulenzen* (der heftigeren Variante) ungleichmäßig über die Flügel strömt. Über dieses Schwanken und Wanken freut sich kaum jemand – abgesehen vom Piloten eines Flugs von Texas nach London, den ich vor ein paar Jahren miterleben »durfte«.

Kurz nach dem Start wurden wir von den ersten Turbulenzen erfasst. Mit einem hohen *Ping!* leuchteten die Anschnallzeichen auf, die Passagiere rutschten unruhig auf den Sitzen hin und her. Ich als alter Flughase wusste natürlich, was normalerweise auf das erste *Ping!* folgt: ein zweites *Ping!*, das die Ansage des Captains oder eines Flugbegleiters ankündigt. Der erzählt einem dann irgendetwas Beruhigendes, zum Beispiel:

»Meine Damen und Herren, bitte kehren Sie zu Ihren Sitzen zurück. Wie Sie sehen, sind die Anschnallzeichen aufgeleuchtet. Stellen Sie bitte sicher, dass Ihr Gurt fest sitzt, und klappen Sie den Tisch vor Ihnen nach oben. In den nächsten Minuten wird es ein bisschen ungemütlich, aber keine Sorge, das haben wir bald überstanden.«

Und diesmal? Diesmal kam das zweite *Ping!* auch, aber danach wurde es erst einmal still. Aus den Lautsprechern drangen bloß gedämpfte Atemzüge. Sämtliche Passagiere blickten gespannt zur Decke, während das Flugzeug bockte wie ein durchgehendes Pferd. Endlich meldete sich der Captain zu Wort:

»Meine Damen und Herren . . .«

Wieder Stille.

Urplötzlich schien das Flugzeug volle zwei Sekunden lang senkrecht vom Himmel zu fallen. Alle Passagiere (ja, auch ich) stießen automatisch einen hohen Schreckenslaut aus, eine Art »Uuuaa-arrrghhhnnnnggll«.

»Wuhuuuuu!«, ertönte die Stimme des Captains – er schrie wie ein Cowboy beim Rodeo!

Und wieder stürzte der Flieger in die Tiefe, diesmal drei Sekunden lang. Drei sehr lange Sekunden.

»Uuuaaarrrghhhnnnnggll«, machten die Passagiere.

»Hahahahahaaaaaa!«, brüllte der offenbar völlig durchgeknallte Captain.

Schließlich ließ das Rütteln und Schütteln nach und irgendwann hörte es ganz auf. War es überstanden? Hatten wir überlebt? Wir Passagiere lächelten uns unsicher an, während wir auf die nächste »Ansage« des Captains warteten. Er würde uns doch sicher mitteilen, was da gerade geschehen war!?

Ping!

Wir erstarrten. Niemand machte einen Mucks.

»Meine Damen und Herren . . .«

»Ja . . .?«, dachten wir alle. »Waaaaas . . .?«

»Für so was müssen Sie in Disneyland richtig lange anstehen.«

Da brach die ganze Kabine in eine Mischung aus Ächzen und ultranervösem Gelächter aus, eine Mixtur aus Kichern über den fürchterlichen Witz und purer Erleichterung. Immerhin hatten wir überlebt!

Seitdem bin ich viele Male geflogen, aber solche Turbulenzen habe ich nie wieder erlebt . . . und so herzlich wie über den wagemutigen Cowboy-Captain habe ich auch nie wieder gelacht.

SCHIFFE, BOOTE UND DAS MEER
Tragödie auf hoher See

»Mayday, Mayday. Hier spricht die *Estonia*...«, lautete der Funkspruch, den die finnische Rettungsbehörde aufzeichnete. Danach brach die Verbindung ab – wahrscheinlich war auf der *Estonia* der Strom ausgefallen, vielleicht weil Wasser in den Maschinenraum eingedrungen war. Mit diesem Funkspruch nahm das Schiff zum ersten und letzten Mal Kontakt zur Außenwelt auf. An Bord erwachten die Passagiere, als ein dumpfes Zittern durch den Rumpf lief. Viele konnten nicht einmal ihre Kabinen verlassen, ehe sämtliche Lichter verloschen. Augenzeugen berichten von Panik, von Menschen, die in der allgemeinen Verwirrung zurückgelassen wurden ... Es blieb kaum Zeit zur Flucht. Binnen Minuten kenterte und sank das Schiff, nach manchen Berichten in unter einer halben Stunde. Über 800 Menschen kamen ums Leben.

Die Angst

Die Geschichte vom tragischen Untergang der *Titanic* kennt fast jeder, aber das ist ja bald 100 Jahre her. Seitdem hat es viele andere verheerende Unfälle auf hoher See gegeben – hier ein paar Beispiele aus jüngerer Zeit:

März 1987: Die *Herald of Free Enterprise*, eine Fähre für Passagiere und Autos, kentert auf dem Weg von Belgien nach England schon drei Kilometer nach der Ausfahrt aus dem Hafen – 193 Menschen ertrinken in ihrem Inneren.

September 1994: Die *Estonia*, ebenfalls eine Fähre, sinkt auf der Reise von Estland nach Schweden – 852 Menschen sterben im eisigen Wasser der Ostsee.

Juni 2008: Die *Princess of Stars* wird in den Philippinen von einem Taifun erfasst – es gibt über 800 Tote.

Lauter Tragödien, die uns eine Tatsache ins Gedächtnis ru-

fen: An Bord eines Schiffs sind wir dem grausamen, gnaden-
losen Ozean wehrlos ausgeliefert. Lauter Tragödien, die eine
einzige Angst am Leben halten: die *Thalassophobie*, die Angst
vor dem Meer.

Die Realität

Sobald wir uns aufs Meer wagen, sind wir Wind und Wetter
ausgesetzt. Das kann niemand bestreiten. Kein Schiff ist absolut sturmsicher, bei ganz grausigem Wetter kentern selbst
mächtige Frachter und Öltanker. Ja, auf solchen Ungetümen
(über 6.000 Tonnen) muss man sich sogar besonders vorse-
hen – das Risiko, zu ertrinken oder sich an Bord zu verletzen,
ist ungefähr doppelt so hoch wie auf kleineren Schiffen. Soweit die schlechten Nachrichten.

Kommen wir zu den guten Nachrichten: Schiffe, die keine
Fracht, sondern Menschen befördern, sind deutlich sicherer,
und am allersichersten sind Passagierfähren – die gehen so
gut wie nie unter.

Und was war mit der *Estonia* und der *Herald of Free Enterprise*? Tja, die sind zwar gesunken, aber nicht wegen einem
Loch im Rumpf oder einer kaputten Pumpe, sondern wegen
menschlichem Versagen: Beide Tragödien wurden durch Fehler von Besatzungsmitgliedern ausgelöst. Bei der *Titanic* war

es übrigens genauso; nicht der Monstereisberg hat das Schiff versenkt, sondern der Captain, der beschlossen hatte, mit voller Kraft durch die Dunkelheit zu dampfen, und das in einer Gegend, in der es bekanntlich von Eisbergen wimmelte. Nicht besonders clever, was?

Außerdem haben wir aus den Katastrophen der Vergangenheit gelernt. Die Sicherheit von Fähren und anderen Schiffen hat sich immer weiter verbessert. In europäischen Gewässern sind deshalb seit dem Untergang der *Estonia* im Jahr 1994 keine Menschen mehr bei Fährunglücken umgekommen. Anderswo schon, aber verglichen mit kleineren Gefährten wie Jachten und Schnellboten schlagen sich Fähren auch weltweit sehr gut.

Aber diese kleineren Gefährte saufen dann pausenlos ab, oder was? Tatsächlich bauen kleine Motorboote jedes Jahr einige Unfälle. Aber schuld daran sind fast nie die Boote selbst, auch nicht irgendwelche fehlerhaften Maschinenteile oder so. Nein, fast immer haben die Steuermänner oder -frauen einfach nicht aufgepasst! Unvorsichtiges, zu schnelles Fahren ist eben auch auf dem Wasser ziemlich gefährlich. Und noch etwas: Unglaubliche 80 bis 90 Prozent aller Leute, die auf dem Wasser umkommen, tragen keine Schwimmweste! Damit können wir festhalten: Boote und Schiffe sind eigentlich ziemlich sicher. Man muss nur richtig damit umgehen. Und um Himmels willen eine Schwimmweste anlegen!

Die Wahrscheinlichkeit

Ob du bei einem Bootsunfall umkommen wirst, hängt natürlich ganz davon ab, wie oft du dich aufs Wasser wagst, wie viel Erfahrung du damit hast und wie du dich an Bord verhältst. Wenn du eine Schwimmweste trägst und nicht allzu weit aufs Meer hinausfährst (oder sowieso nur auf einem See herumschipperst), musst du dir kaum Sorgen machen. Wenn du dich in T-Shirt und Badehose hinters Steuer deines Schnellboots klemmst und blindlings auf die offene See hinausdüst, schon eher. Fähren sind im Allgemeinen extrem sicher, aber es kommt schon darauf an, auf welchem Erdteil du unterwegs bist und wie es dort mit den Sicherheitsvorschriften aussieht. Insgesamt liegen deine Chancen auf einen Tod auf hoher See zwischen eins zu 7.000 (für den Tod durch Ertrinken) und eins zu 20.000 (für andere Unfälle an Bord).

Alles in allem . . .

Klar, so ganz ungefährlich wird es auf dem Meer nie sein. Die Wettervorhersage ist nun mal nicht perfekt, weshalb wir auch nie *exakt* wissen, wie es in den nächsten Stunden oder Tagen auf dem Wasser aussieht. Dadurch kommt es schon mal zu Unglücken. Andererseits passieren die meisten Unfälle, weil irgendwer unvorsichtig fährt, mit einem anderen Boot zusammenstößt oder ohne Schwimmweste über Bord geht. Letztlich können wir also selbst entscheiden, wie sicher oder unsicher wir auf hoher See sein wollen. Außer auf Fähren und anderen großen Schiffen, denn die sind schon von vornherein unglaublich sicher. Und bei richtig »schwerer See« – also wenn der Wind zu sehr auffrischt und die Wellen zu hoch schwappen – legt der Kapitän sowieso nicht ab. Das gilt übrigens auch für Flugzeuge: Bei zu schlechtem Wetter bleiben sie am Boden. Dazu gibt es sehr genaue Regeln, an die sich alle Schiffs- und Flugzeugkapitäne halten müssen. Und die haben das gelernt, wir sollten ihnen also schon ein bisschen was zutrauen!

Wie die Angst vorm Fliegen dreht sich die Angst vorm Schifffahren oft weniger um das Schiff selbst als um die dazugehörige Umgebung: Man fürchtet sich ganz allgemein vor dem Wasser, vor dem Ertrinken oder vor der unendlichen Weite der offenen See. Ja, wer an *Emetophobie* leidet, der

Angst vor dem Erbrechen, fürchtet sich speziell vor der Seekrankheit! Auch hier sollte man erst einmal herausfinden, *was* einem eigentlich solche Angst einjagt. Erst dann kann man darauf hinarbeiten, sich an Bord eines Schiffs wohlzufühlen. Meistens wagt man sich zunächst in flache Seen oder in Swimmingpools, um sich allmählich an das Wasser zu gewöhnen.

Angenommen, du fürchtest dich vor dem Meer. Was tun? Wenn du nicht schwimmen kannst, such dir doch einen geduldigen Schwimmlehrer, der es dir in aller Ruhe beibringt. Du kannst sogar Gerätetauchen lernen, um deine Angst zu überwinden! Das ist kein Witz – wer sich (zumindest vorübergehend) in einen Fisch verwandelt, fürchtet sich nicht mehr vor dem Wasser. Sobald du das draufhast, traust du dich wahrscheinlich schon auf Boote im Hafen oder auf dem Trockendock, und das reicht ja auch fürs Erste. Gewöhn dich erst ein bisschen daran, bevor du zum ersten Mal richtig ablegst. Ich wette, irgendwann wirst du merken, dass du die doofe Angst kontrollieren kannst. Falls sie nicht sogar ganz verschwunden ist. Aber du musst nichts überstürzen. Mach immer nur das, womit du dich gerade wohlfühlst, dann hast du bald freie Fahrt!

AUTOS
Immer schön in der Spur bleiben

Ich guckte über die Schulter und sah, wie das Auto hinter mir ruckartig abbremste und zur Seite zog. Von diesem Moment an geschah alles in Zeitlupe. Er krachte mir hinten rein, ich drehte mich um 180 Grad und donnerte gegen die Leitplanke zwischen den beiden Spuren – und mein Wagen überschlug sich *über* die Leitplanke! Auf der anderen Seite prallte er noch ein paarmal auf und überschlug sich ein weiteres Mal, ehe er auf der linken Spur der Gegenrichtung zum Stehen kam. In der Zwischenzeit war mir das Schiebedach auf den Hinterkopf geknallt. Ich blutete stark und wäre beinahe ohnmächtig geworden.

Aber ich hatte Glück im Unglück: In der Gegenrichtung war gerade ein Militärkonvoi unterwegs, der den heranrauschenden Verkehr stoppte. Was für ein Zufall – ansonsten wäre ich sicher noch einmal getroffen worden! Die Soldaten blieben bei mir, bis ich mit dem Hubschrauber ins Krankenhaus gebracht wurde.

Paul D., Großbritannien

Die Angst

Die meisten Sachen, die wir uns bisher angeschaut haben, waren glücklicherweise genauso furchtbar wie unwahrscheinlich. Aber Autounfälle sind alles andere als selten. Autounfälle sind geradezu alltäglich. Okay, im Kino oder im Fernsehen steigen die Fahrer danach oft einfach aus, als wäre nichts gewesen. Nicht so in der Realität. Wenn zwei Autos, die beide 50 km/h fahren, frontal aufeinanderknallen, sehen sie hinterher aus, als wären sie mit 100 km/h in eine Mauer gerast. Und wie ergeht es den Insassen? Der Kopf schnellt vor und zurück wie eine Peitsche, was Gehirn, Genick und Wirbelsäule verletzen kann. Arme und Beine werden vom eingedrückten Metallrahmen des Wagens zerquetscht und zermalmt. Und selbst wenn man nicht durch die Windschutzscheibe segelt, weil der Sicherheitsgurt oder das Lenkrad im Weg ist, ist die Gefahr keinesfalls gebannt: Das Herz kann weiter nach vorne fliegen, während der Brustkorb zum Stillstand kommt, sodass es am Brustbein zerschellt. Jedes Jahr hinterlassen Autounfälle mindestens 50 Millionen Schwerverletzte. Kein Wunder, dass viele Opfer noch Jahre später an *Amaxophobie* leiden, der Angst vor dem Autofahren.

Die Realität

Man kann es nicht leugnen: Auf der Rangliste der sichersten Fortbewegungsmittel steht das Auto ganz weit unten[*].

Und darüber muss man sich nicht wundern, denn auf den Straßen der Welt sind unglaublich viele Autos unterwegs – über 600 Millionen, als man das letzte Mal nachgezählt hat! Es wird einfach viel mehr Auto gefahren als Flugzeug geflogen oder mit dem Schiff geschippert – klar, dass es da öfter mal kracht. Das heißt, eigentlich sollte es doch *noch* öfter krachen! Oder?

Ja, in der Theorie bedeuten mehr Autos mehr Unfälle, aber ganz so düster sieht es dann doch nicht aus. Schließlich werden auch Autos stetig weiterentwickelt, sie werden immer sicherer und »intelligenter«. Neuere Modelle verfügen über Sensoren, die den Fahrer warnen, wenn er von einer Spur auf die andere rutscht. Spezielle Bremssysteme sorgen dafür, dass der Wagen im Notfall schnell und ohne Schlittern abbremsen

---

[*] Nur Motorräder kommen noch schlechter weg. Vielleicht hatte meine Mutter also doch recht, als sie mir keins kaufen wollte. Aber ich war ja auch erst elf . . .

kann. Und wenn es doch mal kracht, »knautschen« sich die *Knautschzonen* in der Karosserie des Wagens zusammen, um den Stoß von außen abzufedern. Im Inneren entfalten sich in Sekundenschnelle *Airbags,* die harte Oberflächen abpolstern, damit die Insassen möglichst weich landen. Aber am wichtigsten sind die guten alten Sicherheitsgurte – denn wer den Sicherheitsgurt vergisst, wird wahrscheinlich gegen (oder durch!) die Windschutzscheibe geschleudert . . .

Wegen dieser Sicherheitsmaßnahmen kann man Unfälle unter 80 km/h heutzutage durchaus überleben. Bei höheren Geschwindigkeiten gibt es dagegen viele Tote; wenn (besonders auf dem Rücksitz) kein Sicherheitsgurt angelegt wird, reichen auch schon niedrigere Geschwindigkeiten. Und damit wären wir beim entscheidenden Punkt: Der Fahrer bestimmt, wie sicher oder unsicher eine Autofahrt ist.

An den meisten Unfällen trägt das Auto selbst keine Schuld. Sicher, ab und zu versagen Bremsen, Reifen oder Lenkung, aber in über 95 Prozent der Fälle liegt der Fehler beim Fahrer selbst. Er fährt zu schnell oder zu unvorsichtig. Er achtet nicht auf die Straße oder auf die anderen Autos. Er drückt nicht auf die Bremse, wenn dichter Verkehr herrscht oder wenn die Straße wegen Regen oder Schnee rutschig ist. Er drängelt, indem er zu dicht auffährt. Er wechselt ohne Vorwarnung die Spur, er lässt sich zu riskanten Manövern hinreißen. Natürlich *denkt* er dabei immer, er hätte den Wagen unter Kontrolle – aber wenn es brenzlig wird, kann er wegen seiner waghalsigen Fahrweise nicht schnell genug reagieren. Zum Beispiel wenn das Auto vor ihm plötzlich bremst oder wenn die Reifen auf der nassen Straße wegschlittern . . .

Gerade Leute, die sich für besonders »sichere Fahrer« halten, sollten oft ein bisschen besser aufpassen. Manche fühlen sich dermaßen sicher, dass sie beim Fahren am Autoradio, am CD-Player, am Handy, an irgendwelchen Schokoriegeln oder Colaflaschen herumfummeln, und das lenkt ab. Ja, sogar Unterhaltungen mit dem Beifahrer lenken ab! »Sichere Fahrer«, glauben gerne, sie könnten sich auf zwei Dinge gleichzeitig konzentrieren, aber unser Gehirn kann sich eben immer nur einer Sache *voll und ganz* widmen. Wer sich von anderen Sachen ablenken lässt, achtet automatisch weniger auf die Straße, und wenn dann auf einmal alles ganz schnell geht, hat er dasselbe Problem wie vorhin: Er kann nie und nimmer rechtzeitig reagieren.

Am besten wäre es, wenn alle zusammenhelfen, damit es auf den Straßen ein bisschen sicherer zugeht. Also sollte der Fahrer verantwortungsbewusst und vorsichtig fahren und sich nicht zu sehr ablenken lassen – und die Mitfahrer sollten sicherstellen, dass er nicht zu sehr abgelenkt wird! Also streitet euch nicht ständig um die Armlehne/den Nintendo DS/den letzten Keks in der Schachtel, okay?*

Die Wahrscheinlichkeit

Autounfälle sind so häufig, dass fast jeder früher oder später einen miterleben wird. Doch ob man dabei schwer verletzt oder gar getötet wird, hängt auch vom Wohnort (und dem dortigen Verkehr) und vom Alter des Fahrers ab (Fahrer unter 25 und über 75 sind besonders gefährdet). Den größten Einfluss hat der Fahrer selbst – fährt er vorsichtig und sicher, sinkt das Risiko deutlich: Für ungestüme Fahrer auf überlaufenen Straßen liegt es bei eins zu 100, für sichere Fahrer auf mehr oder weniger leeren Straßen bei eins zu 18.000. Den durchschnittlichen Fahrer in Europa, Australien und den USA trifft es mit einer Wahrscheinlichkeit von eins zu 1.500. Das geht noch, aber es könnte deutlich besser sein.

---

* Im Ernst! Wenn das nicht *sofort* aufhört, wende ich *auf der Stelle!* Dann fahren wir eben *nicht* nach Legoland/Disneyland/in den Zoo!

Alles in allem . . .

Viele Menschen fahren jeden Tag Auto. Da vergisst man schon mal, wie gefährlich Auto fahren sein kann. Man denkt, man hat alles unter Kontrolle, aber bei so vielen Autos auf den Straßen kann man eben nie wissen. Im Auto wird man viel leichter in einen Unfall verwickelt als im Boot, im Zug, im Flugzeug oder auf dem Fahrrad. In Zahlen: An 97 Prozent aller schweren Verkehrsunfälle sind Autos beteiligt!

Deshalb sollte man immer gut aufpassen – sicher ist sicher! Wahrscheinlich wirst du keinen einzigen richtig schweren, lebensbedrohlichen Autounfall erleben. Aber du kannst selbst dazu beitragen, dass dein persönliches Risiko noch weiter sinkt. Selbst wenn es hart auf hart kommt, können dich die Sicherheitsvorkehrungen des Wagens vor dem Schlimmsten bewahren. Du musst sie nur richtig nutzen. Wenn es auf große (oder auch kleine) Fahrt geht, würde ich dir daher dringend zu den folgenden Maßnahmen raten:

🖐 Setz dich auf den richtigen Platz und schnall dich an. Unter zwölf bist du in der Regel hinten richtig, aber das bringt alles nichts, WENN DU DEN SICHERHEITSGURT VERGISST! Vielleicht denkst du dir: Ach, den brauch ich nicht, da ist doch noch der Sitz davor. Aber das ist Quatsch! Ohne Gurt segelst du bei einem ordentlichen Zusammenstoß wahrscheinlich geradewegs über den Sitz und durch die Windschutzscheibe und am Ende verletzt (oder tötest) du auf dem Weg sogar den Fahrer oder Beifahrer.

🖐 Setz dich gerade hin und hample nicht andauernd herum. Der Gurt bringt nämlich deutlich weniger, wenn er dir von der Schulter auf den Bauch rutscht. Nur wenn er richtig sitzt, sinkt die Gefahr, dass du bei einem schweren Autounfall stirbst, um 61 Prozent. Wenn er *nicht* richtig sitzt, kann er dich sogar verletzen.

👋 Lass weder Arme noch Beine aus dem Fenster baumeln (zumindest nicht während der Fahrt). Falls es plötzlich kracht, hast du diese Gliedmaßen womöglich zum letzten Mal gesehen.

👋 Lenk den Fahrer nicht ab. Im Klartext: kein Geraufe, kein Radau. Einfach *gar nichts*, was den Fahrer zwingen könnte, sich zu dir umzudrehen . . .

👋 Pass besonders beim Ein- und Aussteigen auf. Schau, ob keiner kommt, bevor du die Tür aufmachst. Falls möglich, steig immer auf den Gehsteig aus. Und wenn das nicht geht, pass einfach richtig, richtig gut auf.

Furchterregende Fakten

Jahr für Jahr fordern Autounfälle weltweit ungefähr 1,2 Millionen Tote, daneben gibt es mindestens 48 Millionen Verletzte.

In Deutschland wurden 2009 insgesamt 4.154 Menschen im Straßenverkehr getötet, die Zahl der Schwer- und Leichtverletzten betrug 397.448 – das sind fast 80 voll besetzte Jumbojets im Monat!

In den USA kommt im Durchschnitt alle 13 Minuten ein Mensch bei einem Autounfall ums Leben.

STRASSEN
Die wahren Killer

Auf den Straßen der Welt kommen jeden Tag über 1.000 Kinder und Jugendliche ums Leben.

Denk einen Augenblick darüber nach – *jeden Tag über 1.000*. Bei jedem Sonnenuntergang wurde eine ganze Schule ausgelöscht.

Nichts anderes hat weltweit so viele Menschen zwischen zehn und 24 auf dem Gewissen. Kein Tier, keine Krankheit, kein Krieg, kein anderes Verkehrsmittel kann es mit dem stinknormalen Auto aufnehmen. Würden Horrorfilme die wahren Gefahren des Alltags widerspiegeln, müssten die armen Schauspieler nicht vor Geistern, Monstern und Zombies fliehen – sondern vor mörderischen Autos mit ganz normalen Leuten hinter dem Steuer, die wahllos unschuldige Menschen aufs Korn nehmen ...

Die Angst

Stell dir vor, du bist zu Fuß oder mit dem Fahrrad unterwegs und auf einmal fährt dich jemand über den Haufen. Nicht lustig, was? Vielleicht wirst du nur ein paar Meter durch die Luft geschleudert und knallst im nächsten Moment wieder auf die Straße; dann holst du dir wahrscheinlich nur ein paar tiefe Kratzer und ein paar gebrochene Knochen. Vielleicht segelst du aber auch über die Motorhaube in die Windschutzscheibe, deren Scherben deine Haut zerschneiden, während der Aufprall deinen Kopf dröhnen lässt. Schlimmstenfalls gerätst du unter die Räder des Autos, Busses oder Lastwagens und das enorme Gewicht zermalmt deine Knochen ...

Komisch, dass die »Angst vor dem Überfahrenwerden« gar keinen richtigen Namen hat. Andererseits ist das ganz logisch, denn tatsächlich leidet kaum jemand unter dieser Angst. Kaum jemand fürchtet sich vor mörderischen Autos und tückischen

Straßen, dem natürlichen Lebensraum der blechernen Killer – obwohl sie so unglaublich gefährlich sind! Da poltert und stürmt pausenlos eine gigantische Herde blitzender Metallmonster an uns vorbei und wir nehmen kaum Notiz davon! Obwohl uns diese Bestien, ohne mit der Wimper zu zucken, töten oder zumindest schwer verletzen würden, sobald wir ihnen in die Quere kommen! Ich fürchte, wenn wir länger darüber nachgrübeln, müssen wir uns doch noch einen Namen für die »Angst vor dem Überfahrenwerden« ausdenken ...

Die Realität

Okay, jetzt wird es wirklich gefährlich. So richtig gefährlich. Viele von uns haben schon mal einen Verkehrsunfall erlebt oder zumindest beobachtet – ein Anblick, den man nicht so schnell vergisst. Und hattest du bisher Glück, kennst du wahrscheinlich jemanden, der weniger Glück hatte. Man kann es nicht anders sagen: Verkehrsunfälle gehören zum Alltag.

Der menschliche Körper hält einiges aus, aber ein Auto in voller Fahrt ist einfach mehrere Nummern zu groß. Zwei Tonnen rollender Stahl haben schon bei 60 km/h eine solche Wucht, dass Knochen und Schädel zerbröseln wie Erdnussschalen. Wer Glück im Unglück hat, wird zur Seite geschleudert und kommt mit leichteren Verletzungen davon – ein paar gebrochene Rippen, vielleicht ein gebrochenes Handgelenk. Die anderen knacksen sich beim Aufprall den Kopf an, knallen in irgendetwas hinein oder rutschen unter die Räder. Und das ist dann oft tödlich.

Sollte man beim Anblick einer dicht befahrenen Straße also gleich in Deckung gehen? Oder kann man sich auch als Fußgänger oder Radfahrer entspannt ins Gewühl stürzen? Die Wahrheit liegt irgendwo dazwischen. Natürlich sollte dir immer bewusst sein, wie gefährlich es im Straßenverkehr zugeht. Doch wenn du beim Überqueren der Straße und beim Radfahren gut aufpasst, musst du keine Angst haben. Schließlich ist die Straße für alle da – warum sollten wir sie allein den Autos, Bussen und Lkws überlassen?

Das Gute ist, dass Autos für gewöhnlich nicht auf den Gehsteig ausweichen, um arglose Fußgänger ins Visier zu nehmen. Genauso wenig schlagen sie abrupte Haken, um friedliche Radfahrer aufzugabeln. Nein, die Mehrzahl der Unfälle wird von Fußgängern und Radfahrern verursacht, die urplötzlich auf der Fahrbahn auftauchen. Meistens kracht es aus einem der folgenden Gründe:

1. *Der Fahrer ist überrascht, dich auf der Straße zu sehen.* Besonders gefährlich wird es an Ecken oder auf Anhöhen. Außerdem ist es keine gute Idee, unauffällig zwischen parkenden Autos oder Kleinbussen hindurchzuschlüpfen – für den Fahrer tauchst du aus dem Nichts auf, und ehe er reagieren kann, ist es auch schon passiert.

2. *Der Fahrer sieht dich überhaupt nicht.* Dreimal darfst du raten, wann dieses Problem besonders häufig auftritt . . . Richtig, in der Nacht! Vor allem, wenn du auch noch dunkle Klamotten trägst und ohne Licht Rad fährst (das ist besonders dämlich).

3. Der Fahrer sieht dich, *kann aber nicht rechtzeitig bremsen.* Am besten überquerst du die Straße, wo es eine Ampel, einen Zebrastreifen oder wenigstens eine Verkehrsinsel in der

Mitte gibt. An anderen Stellen, wo die Autos tendenziell schneller unterwegs sind, bringt es auch nicht mehr viel, wenn dich der Fahrer sieht. Selbst wenn er noch auf die Bremsen steigen kann, schlittert er womöglich in dich hinein.

Meidest du diese drei Situationen, kannst du dir (fast) sicher sein, das Abenteuer Straßenverkehr mit heiler Haut zu überstehen.

Die Wahrscheinlichkeit

Das Risiko, bei einem Verkehrsunfall getötet zu werden, unterscheidet sich von Land zu Land. Dabei mischen viele Einflüsse mit: Wie viele Autos sind auf den Straßen unterwegs? Wie gefährlich ist es, die Straßen zu überqueren? Wie genau halten sich Fahrer, Radfahrer und Fußgänger an die Verkehrsregeln? Insgesamt ist die Wahrscheinlichkeit gar nicht mal so hoch: Radfahrer kommen mit eins zu 4.000 ziemlich gut weg, für Fußgänger sieht es mit eins zu 500 etwas schlechter aus. Aber denk jetzt nicht, auf dem Rad könntest du dich aufführen, wie du willst – es gibt einfach viel mehr Fußgänger als Radfahrer! Außerdem haben viele Radfahrer vernünftigerweise einen Helm auf dem Kopf, während sich diese Mode bei Fußgängern aus unerfindlichen Gründen noch nicht durchgesetzt hat . . .

Alles in allem . . .

Niemand hat Lust, überfahren zu werden, und trotzdem kommen jeden Tag zahllose Menschen unter die Räder. Dabei ließen sich die meisten Unfälle leicht vermeiden. Teils müssten die Autofahrer besser aufpassen, aber in vielen Fällen (vielleicht in den meisten) wissen Fußgänger oder Radfahrer einfach nicht, wie man sich auf der Straße zu verhalten hat. Und wie hat man sich zu verhalten? So in etwa:

🖐 Überquer die Straße an ungefährlichen Stellen, am besten an einer Ampel, einem Zebrastreifen oder einer Verkehrsinsel. Auf gar keinen Fall in einer Kurve oder oben an einer Anhöhe, denn dort sieht dich der heranbrausende Verkehr nicht rechtzeitig. Und lauf beziehungsweise roll nicht zwischen parkenden Autos (oder noch schlimmer: Bussen!) hervor – wenn du aus dem Nichts auftauchst, bist du echt selber schuld.

🖐 Halt dich immer an die alte Regel: stehen bleiben und gucken! Am besten erst links gucken, dann rechts, dann noch mal links und gleichzeitig auf den Verkehr lauschen. Erst dann darfst du die Straße überqueren. Das Lauschen ist besonders wichtig, da schnelle Autos auch noch auftauchen können, nachdem du die Lage gecheckt hast. Deshalb musst du *auch während des Überquerens* Augen und Ohren offen halten.

🖐 Wenn du an einer Straße ohne Gehsteig entlangläufst oder -radelst, halt dich immer auf der linken Seite, wo dir der Verkehr entgegenkommt.

🖐 Stell sicher, dass du gut zu sehen bist. Mit anderen Worten: tagsüber helle, farbenfrohe Klamotten anziehen, nachts helle Klamotten anziehen *und* Lichter oder Reflexionsstreifen anlegen!

🖐 Auf dem Fahrrad gilt das eherne Gesetz: Helm auf! Okay, meinetwegen kommt das nicht unbedingt hammercool rüber, doch wenn dir der Helm das Leben rettet, ist dir das wahrscheinlich ziemlich egal. Der Helm muss aber auch richtig auf den Kopf passen und ordentlich festgeschnallt werden.

🖐 Mach dich schlau – schau dir die Straßenverkehrsordnung an, insbesondere die Regeln für Fußgänger und Radfahrer. In vielen Schulen musst du in der vierten Klasse eine Fahrradprüfung ablegen, die dich zu einem sicheren und rücksichtsvollen Radler macht.

Zu guter Letzt darfst du nicht vergessen: Verkehrsunfälle gehören zwar zum Alltag, doch die meisten Kinder schaffen es trotzdem bis zum 18. Geburtstag, ohne ein einziges Mal überrollt zu werden oder über die Motorhaube zu segeln. Und auch die meisten Erwachsenen schlagen sich in dieser Hinsicht ganz gut.

Mit Straßen ist nicht zu spaßen – rufst du dir diese Weisheit regelmäßig ins Gedächtnis, kannst du selber sicherstellen, dass du zu den glücklichen Überlebenden gehören wirst. Und nicht zu den weniger Glücklichen . . .

Wie ich einst ein Auto überfuhr

In meiner Kindheit kurvten fast alle Gleichaltrigen auf dem Fahrrad herum und mindestens fünf meiner Freunde wurden dabei von einem Auto erwischt. Mein bester Freund Darren radelte einen Kreisverkehr entlang, als ihm ein Lieferwagen in die Seite fuhr – ein Stück spitzes, gebogenes Metall, das vorne aus der Stoßstange ragte, bohrte sich in sein Bein und schleifte ihn fast 15 Meter weit mit. Wie durch ein Wunder überlebte er; nur die Narbe am Bein blieb ihm als Andenken.

Meine Freundin Sarah saß hinter ihrem Vater im Kindersitz, als ihr Rad von einem Laster gerammt wurde. Der Laster fuhr einen Schlenker, um ihnen auszuweichen, kippte dabei um und überschlug sich – genau auf sie drauf! Sarahs Vater wurde zur Seite geschleudert, doch Sarah selbst steckte in den verbogenen Trümmern des Fahrrads fest. Drei Feuerwehrleute mussten über eine Stunde lang mit speziellen Schneidwerkzeugen herumwerkeln, um sie zu befreien. Aber auch sie hatte unglaubliches Glück: ein paar Beulen, ein paar blaue Flecken und eine Wunde an der Hand, das war's.

Doch soweit ich weiß, war ich der Einzige, der nicht *vom Auto gerammt wurde,* sondern *das Auto gerammt hat.*

Hinter unserem Haus, zwischen den Zäunen der Nachbargärten, führte ein schmaler Weg entlang, der sehr steil bergab ging und in eine Sackgasse mündete. Diesen Weg bretterte ich immer auf dem Rad hinunter, immer schneller, schneller und schneller. Unten sprang ich dann von der Gehsteigkante ab, um mit einem saftigen *Wumms* auf der (normalerweise leeren) Straße zu landen.

Nur diesmal war die Straße nicht leer. Zumindest nicht, als ich unten ankam.

Während die Gartenzäune immer rascher vorbeisausten, sah ich, wie unten in der Sackgasse ein Auto hielt – und zwar genau vor meiner Gehsteigkante! Ich drückte auf die Bremse. Keine Wirkung! Stimmt, die wollte ich ja noch reparieren. Ups! So schlitterte ich weiter auf das blöde Auto zu, die Füße auf dem Boden, um wenigstens ein bisschen zu bremsen . . . aber es war zu spät. ZACK! Das Rad knallte gegen die Autotür und blieb hängen, während ich nicht hängen blieb, sondern weiterflog, geradewegs über das Autodach hinweg. Auf der anderen Seite krachte ich mit dem Gesicht voraus auf den Asphalt. Tiefe Schürfwunden voller Kiesel gruben sich in meine rechte Wange und meine Stirn.

Die Frau hinter dem Steuer des Wagens brauchte ein paar Sekunden, um sich vom ersten Schock zu erholen. Kein Wunder, immerhin war plötzlich irgendetwas in ihre Seitentür gedonnert und im nächsten Moment war ein Junge mit weit aufgerissenen Augen über ihr Dach gesegelt. Dann fing sie an, mich anzuschreien – wie könnte ich es wagen, ihre Tür einzudellen! Doch ich hatte Glück im Unglück: Ein Nachbar, der Vater meines Freundes, der noch dazu Arzt war, hatte alles mit angesehen. Er rettete mich vor der keifenden Autofrau und flickte mich erst einmal eine Stunde lang behutsam zusammen, ehe er mich nach Hause schickte.

Glücklicherweise verheilten die Schürfwunden komplett, sogar ohne eine Narbe zu hinterlassen. Aber das dauerte. Wochenlang hatte ich einen ellenlangen Streifen Schorf im Gesicht, vom Haaransatz bis zum Kinn. Zugegeben, es sah wirklich aus, als hätte ich ein längliches Knäckebrot an der Backe kleben – aber musste mich mein Bruder, diese Seele von einem Menschen, deshalb den ganzen Monat lang »Wasa« nennen?

Trotzdem finde ich, dass ich sehr großes Glück hatte. Von diesem Tag an radelte ich deutlich vorsichtiger und vor Autos hatte ich ein wenig mehr Respekt . . .

5. Bedrohliche Orte
Von der Angst zur Phobie

Was ist der Unterschied zwischen einer Angst und einer Phobie? Ist das was völlig anderes oder doch irgendwie dasselbe? Und woher kommen diese ganzen Ängste und Phobien eigentlich?

Wir wissen bereits, dass zahlreiche Ängste von der langen Entwicklungsgeschichte der Spezies Mensch und ihrer tierischen Vorfahren herrühren. Viele unserer wichtigsten Ängste haben sich aus denselben Gründen entwickelt wie unsere Augen, Ohren und Daumen, wie unsere Lunge und unser Gehirn – weil sie uns ein Stück sicherer gemacht haben, weil sie uns geholfen haben, zu überleben.

Augen und Ohren halfen unseren Vorfahren auf der Jagd und warnten sie, wenn sich ein gefährliches Tier anschlich oder ein Gewitter aufzog. Aber erst die Angst ließ sie beim Anblick einer Schlange, eines Löwen oder eines Blitzschlags zusammenzucken. Erst durch die Angst konnten sie in einer Welt voller Gefahren bestehen.

Für junge Tiere (also auch für Menschenbabys und Kleinkinder) sind Ängste besonders wichtig. Die Kleinen können noch nicht auf sich aufpassen, oder besser gesagt: Sie wissen kaum etwas über ihre Umwelt und geraten daher leicht in Gefahr. Das heißt, richtig junge Babys sind eigentlich ziemlich furchtlos oder zumindest deutlich mutiger als Kleinkinder. Natürlich heulen und schreien sie öfter mal, aber eben nicht aus Angst, sondern eher aus Hunger oder weil sich eine vollgekackte Windel eben nicht besonders toll anfühlt. Vor zwei Dingen fürchten sie sich jedoch sehr wohl: 1. allein gelassen zu werden und 2. einer fremden, unbekannten Person übergeben zu werden. Und das ist auch gut so. Die meiste Zeit befindet sich ein Baby in der Nähe der Mutter (wenn es nicht gleich an ihr dranhängt), sodass es sich normalerweise keine Sorgen machen muss. Mama wird schon aufpassen! Aber sobald es das Gefühl hat, ausgesetzt zu werden, wird es kritisch – und erst recht, wenn es von einer wildfremden Person stibitzt wird!

Etwas ältere Kinder tapsen schon viel selbstständiger durch die Welt und entfernen sich dadurch weiter von ihren Eltern. Klar, dass sie damit mehr Möglichkeiten haben, in Schwierigkeiten zu geraten. Wer sich als kleines Kind nicht zumindest ein bisschen vor der Dunkelheit und vor Abgründen, vor Schlangen, Spinnen und Blitzen fürchtet, der ... tja, der wird mitunter kein großes Kind mehr. Diese Ängste beschützen Kinder, während sie erforschen, wie die Welt funktioniert. Viele Dinge stufen sie erst einmal als gefährlich ein, solange ihnen nicht das Gegenteil bewiesen wurde. So verlernen sie ihre Ängste nach und nach – sie werden größer und finden heraus, wie man ohne Gefahr für Leib und Leben mit Tieren, Menschen und der direkten Umwelt umgeht.

Phobien sind ein spezieller Fall. Im Grunde sind Phobien krankhafte Ängste, die nicht wissen, wann sie aufhören müssen, Ängste, die sich im Kopf auf Kosten anderer Dinge breitmachen. Phobiker haben mehr

Angst als sinnvoll wäre, und das muss man behandeln. Andernfalls können Phobien immer weiter wuchern, bis man kein normales, glückliches Leben mehr führen kann.

Bei den meisten Phobien handelt es sich um Ängste aus der Kindheit, die einfach geblieben sind. Und warum stellen sich diese Ängste so stur? Manchmal wegen einer konkreten schlechten Erfahrung, zum Beispiel weil ein Kind vom Hund gebissen wurde oder im Swimmingpool Wasser in die Lunge bekommen hat und schrecklich husten musste. Aber oft kann eine Angst nur zur Phobie werden, weil man sich nie richtig damit auseinandersetzt. Warum auch? Es ist doch viel bequemer, dem furchterregenden Zeug aus dem Weg zu gehen, auch wenn man sich dafür ein wenig einschränken muss. So meidet man die schlechten Gefühle – doch jedes Mal, wenn man der Angst nicht aus dem Weg gehen kann, wird es schlimmer. Manchmal stolpert man eben doch über einen Hund oder muss wohl oder übel ins Flugzeug steigen. Egal was es ist, jedes Mal wirkt der persönliche Albtraum noch ein wenig beängstigender. Die Angst hat sich viel zu sehr aufgeplustert, denn so gefährlich können kein Hund, kein Flugzeug und kein Swimmingpool sein. Das ist der Hauptunterschied zwischen Ängsten und Phobien.

Unsere Vorfahren mussten in Wäldern und Savannen auf die Jagd gehen und in Meeren, Flüssen und Seen fischen. Ein Jäger mit Schlangenphobie hätte dabei kaum Beute nach Hause gebracht, ein Fischer mit Wasserphobie hätte noch nicht mal einen alten Stiefel geangelt[*]. Mit diesen Ängsten hätten es unsere Urah-

---

[*] Stiefel gab es damals nämlich noch gar nicht.

nen bestimmt nicht lange gemacht. Ängste können uns also sowohl helfen, wenn sie uns als kleine Kinder vor Unheil bewahren, als auch schaden, wenn sie uns als Erwachsene daran hindern, unser Leben zu leben.

Heutzutage wächst kaum jemand in der Wildnis auf. Fast niemand muss selber jagen und sammeln, damit er was zu essen hat. Deshalb gibt es heute keinen Grund mehr, schon in der Kindheit (oder überhaupt!) zu lernen, wie man schwimmt, mit Schlangen fertig wird oder sich ganz allein in finsterer Nacht orientiert. Die meisten Menschen leben in Städten oder Dörfern, wo

- 🖐 viele Leute eng beieinander wohnen.

- 🖐 auch nachts Licht brennt.

- 🖐 Fleisch, Fisch und Gemüse im Laden gekauft werden, sodass niemand stürmische Meere und dunkle Wälder bezwingen muss, um zu fischen, zu jagen und zu sammeln.

- 🖐 Schlangen und andere wilde Tiere höchstens im Zoo auftauchen.

Da kann man sich eigentlich denken, dass Stadtbewohner viel häufiger unter Phobien leiden als Leute, die auf dem Land oder sogar vom Land leben.

Okay, jetzt wissen wir, wie Phobien entstehen. Aber was tun, wenn du schon eine Phobie hast? Wie immer: Keine Panik! Wenn du wirklich willst, gibt es viele Möglichkeiten, die Phobie zu besiegen oder auszutricksen. Oder sich zumindest daran zu gewöhnen. Also lies weiter und fürchte dich nicht! Schließlich

begeben wir uns nur in die dunkelsten und düstersten
Untiefen der Seele, wo unsere geheimsten Ängste
lauern . . .

DIE DUNKELHEIT
Schrecken der Schattenwelt

Die Welt bestand aus Schatten. In meiner Vorstellung mutierten Stofftiere zu Monstern, Klamotten über der Stuhllehne verwandelten sich in Einbrecher, die sich in düsteren Ecken herumdrückten. Aber das Schlimmste war, dass mein Bruder im selben Zimmer schlief und oft die Tür schloss, wenn er nach mir ins Bett ging. Manchmal gelang es mir, im Halbdunkel einzuschlafen, aber wenn ich dann mitten in der Nacht aufwachte, war es stockfinster! Und ich bekam richtig Schiss. So ging das eine ganze Weile: Nachts schlief ich kaum, morgens wachte ich todmüde auf und musste mich wortwörtlich aus dem Bett zur Schule schleppen.

Die Angst

Warum fürchtet man sich allein im Dunkeln? Ist doch klar: Weil man nicht weiß, was alles in der Finsternis lauern könnte! Ich meine, stell dir doch mal vor . . .

Du tastest dich mit ausgestreckten Händen durch eine düstere Höhle, als es plötzlich unter deinen Fingern zuckt und wimmelt. Vielleicht ein Knäuel Würmer – oder ein Spinnennest?

Du zeltest im Wald. Draußen scheint kein Mond, die Nacht ist rabenschwarz. Auf einmal raschelt und knackt es vor deinem Zelt. Du atmest tief ein und steckst den Kopf ins Freie – doch du siehst nichts als tiefste Finsternis. Und das Rascheln und Knacken wird immer lauter . . .

Du wachst mitten in der Nacht auf. Du sitzt aufrecht im Bett und spürst: Da ist irgendetwas in deinem Zimmer. Irgendwer. Ein fieser Dieb? Ein grässliches Monster? Oder ein böser Geist? Du würdest es wirklich gern genauer wissen, doch der Lichtschalter befindet sich am anderen Ende des Zimmers –

und wenn du jetzt aufstehst und über den Boden tapst, weiß *es* sofort, wo du bist.

Die Realität

Eine Menge Kinder und erstaunlich viele Erwachsene leiden unter *Nyktophobie,* der Angst vor der Dunkelheit. Auch diese Phobie entwickelt sich aus einer angeborenen Angst – aus einer gesunden Angst, die uns vor zahlreichen Gefahren bewahrt.

Wie die meisten Säugetiere sind wir Menschen *visuelle* Tiere. Wir verlassen uns dauernd auf unsere Augen, egal ob wir Nahrung aufspüren, Gesichter erkennen, Entfernungen abschätzen oder irgendetwas werfen oder fangen wollen. Zielen, Ausweichen, Kämpfen und so weiter – ohne Augenlicht täten sich die meisten von uns dabei ziemlich schwer. Deshalb muss es uns nicht weiter wundern, dass wir . . . nun ja, ein bisschen durchdrehen, wenn wir auf einmal nichts mehr sehen: Unsere Muskeln spannen sich an, wir verlieren das Gleichgewicht, wir zucken schon beim leisesten Geräusch oder bei der leichtesten Berührung zusammen. Wenn du Lust hast, probier es doch mal aus: Schließ die Augen und geh gaaaaanz langsaaaaam durchs Zimmer. Wahrscheinlich wirst du feststellen, dass deine Atmung beschleunigt, dass du vor jedem Möbelstück zurückzuckst und dass dir nichts lieber wäre, als sofort die Augen aufzureißen und das dämliche Experiment zu beenden. Bleibst du stattdessen völlig ruhig, bist du wirklich die große Ausnahme.

Aber nüchtern betrachtet ist es auch viel vernünftiger, *nicht* ruhig zu bleiben. Wer stolpert schon gerne über irgendwelche Sachen? Wer stößt sich schon gerne den Kopf? Eigentlich müssen wir der Angst vor der Dunkelheit dankbar sein – sie lässt uns langsamer und aufmerksamer gehen, damit wir Hindernissen und Fallen rechtzeitig ausweichen können. Hätten sich unsere Vorfahren auf den Ebenen und Savannen Afrikas nicht im Dunkeln gefürchtet, wären viele von ihnen versehentlich in reißende Flüsse oder gähnende Schluchten marschiert oder über Löwen, Nashörner und Angehörige feindlicher Stämme gestolpert. Okay, heute leben die meisten Menschen nicht mehr in der Wildnis, sondern in Dörfern und Städten, aber auch dort hat dieser Instinkt noch seinen Sinn. Ansonsten würde man des Nachts nichts ahnend durch dunkle Gassen schlendern oder blindlings über gefährliche Baustellen staksen . . .

Doch diese instinktive, »gesunde« Angst ist etwas völlig anderes als eine ausgewachsene *Nyktophobie*. Es ist eine gute Idee, sich im Dunkeln vorsichtiger und aufmerksamer zu bewegen. Aber vor Angst zu erstarren, weil man *die Dunkelheit selbst* fürchtet wie nichts anderes . . . ist eine weniger gute Idee. Echte *Nyktophobiker* müssen auch nachts das Licht anlassen. Geht es doch aus, verfallen sie sofort in Panik. Müssen sie dann auch noch das düstere Zimmer durchqueren, schlägt ihnen das Herz bis zum Hals und ihr Magen dreht sich um. Eine Angst, die sich zur Phobie steigert, kann einem das Leben zur Hölle machen. Man fühlt sich eingesperrt von den eigenen Ängsten und Zwängen – etwa vom Zwang, ständig sehen zu müssen, was um einen herum ist. Solange man jede Nacht das Licht brennen lassen kann, ist vielleicht alles in Ordnung. Aber was, wenn

plötzlich der Strom ausfällt? Oder wenn man auf Reisen ausnahmsweise im Dunkeln schlafen muss? Und wenn man sich
nie vom beruhigenden Leuchten der Häuser und Straßenlater-
nen entfernen kann, kann man auch nie zelten oder Sterne gucken gehen, und das wäre doch wirklich schade . . .

Glücklicherweise kann man alle Ängste und Phobien überwinden oder austricksen und die Angst vor der Dunkelheit gehört wahrscheinlich zu den weniger hartnäckigen Kandidaten. Angenommen, du fürchtest dich im Dunkeln – wie kannst
du das ändern? Indem du dein Gehirn bewusst umpolst! Du
musst ihm klarmachen, dass dir *die Dunkelheit selbst* nicht
gefährlich werden kann. Natürlich kann sie gefährliche Dinge
verbergen, zum Beispiel steile Abgründe, grimmige Bären oder
zwielichtige Gestalten. Doch diese Bedrohungen lauern nun
wirklich nicht überall. Solange du nicht an dunklen Steilküs-
ten spazieren gehst, durch eine düstere Wildnis streifst oder
durch finstere Gassen wanderst, musst du dir keine Sorgen
machen. In deinem eigenen Zimmer könntest du dich höchstens an Möbeln, Spielzeugen, Kabeln oder ähnlichem Zeug
verletzen, und auch nur, wenn du mit vollem Karacho rein-
rennst oder drüber stolperst. Ja, selbst dann würdest du wohl
mit einer Beule, einem blauen Fleck oder einem geschwolle-
nen Zeh davonkommen. Wie gesagt, *die Dunkelheit selbst
kann dir nicht wehtun.* Hat dein Gehirn das erst mal kapiert,
muss es sich nur noch an die Dunkelheit *gewöhnen,* und das
ist auch kein Problem: Am besten setzt du dich Schritt für
Schritt immer mehr der Dunkelheit aus, bis du dich auch im
Stockfinsteren pudelwohl fühlst.

Die Wahrscheinlichkeit

Die Dunkelheit selbst wird dir ganz sicher nichts zuleide tun –
kann sie nämlich gar nicht! Natürlich besteht eine gewisse
Gefahr, dass du dich im Dunkeln verletzt, etwa wenn du über

etwas stolperst. Besonders in unbekannten Umgebungen musst du daher ein wenig vorsichtiger sein. Doch selbst im Fall des Falles tut dir nicht die Dunkelheit selbst weh, sondern der Sturz oder der fiese Stolperstein! Die Wahrscheinlichkeit, sich zu verletzen, ist im Dunkeln höher als bei helllichtem Tag, doch die Wahrscheinlichkeit, von der Dunkelheit selbst verletzt zu werden, beträgt exakt . . . null!

Alles in allem . . .

Wie bei so vielen Phobien geht es bei der Angst vor der Dunkelheit eigentlich um das Gefühl, keine Kontrolle zu haben. Du weißt nicht, was im Dunkeln lauern könnte, und du kannst es nur auf eine Weise herausfinden: indem du das Licht anschaltest. Doch bevor du das nächste Mal nach dem Lichtschalter tastest, denke eine Sekunde nach. Was soll da draußen schon auf dich lauern? Geister? Außerirdische? Also die kannst du getrost vergessen, wie du spätestens nach dem nächsten großen Kapitel wissen wirst. Was dann? Wilde Tiere? Zwielichtige Gestalten? Ja, vor denen solltest du dich vielleicht tatsächlich fürchten, wenn du in der nächtlichen Wildnis oder in dubiosen Gegenden unterwegs wärst, aber doch nicht in deinem eigenen Zimmer, wo weder fremde Tiere noch fremde Menschen reinkommen! Wie soll sich da irgendwer oder irgendwas einschleichen?[*]

Du musst also nicht gleich beim ersten Anflug von Panik das Licht anschalten (beziehungsweise das Licht gar nicht erst ausschalten). Es gibt einen Weg, sich selbst in finsterster Nacht sicher zu fühlen: Du gewöhnst dich allmählich an die Vorstellung, in einem dunklen Raum zu sitzen. In der Psychologie nennt man das *Akklimatisation* oder *Desensibilisierung* und bei den meisten Leuten klappt es richtig gut.

---

[*] Außer du lässt ein wildes Tier oder einen Ninja bei dir im Zimmer schlafen, aber dann kann ich dir auch nicht helfen.

Und so geht's: Zunächst setzt du dich in einen halbdunklen Raum. Es sollte genau so dunkel sein, wie es für dich gerade noch okay ist, kein Stück dunkler. Dann machst du die Tür ein bisschen weiter zu. Wenn du eine Lampe mit Dimmer hast, drehst du das Licht einfach ein wenig herunter. Jetzt ist es schon ein bisschen dunkler, aber du bleibst einfach sitzen und atmest ganz normal weiter. Versuch, dich zu entspannen. Solltest du feststellen, dass deine Atmung von selbst beschleunigt, atme bewusst tiefer ein und aus. Falls du trotzdem immer schneller atmest, mach wieder ein bisschen mehr Licht, bis du dich beruhigt hast. Nach ein paar Minuten versuchst du es erneut. Irgendwann wirst du den Raum ganz (oder fast ganz) abdunkeln können, ohne nervös oder panisch zu werden. Aber du musst nichts überstürzen. Wenn du magst, lass dir ein paar Tage, ein paar Wochen oder sogar einen Monat Zeit. Außer es geht dir wie den meisten Menschen, die diesen Selbstversuch wagen – den meisten fällt es nämlich viel leichter als gedacht.

Indem du deine Atmung kontrollierst, erstickst du die Panik im Keim, denn erst die körperlichen Reaktionen lassen die Angst so richtig in Fahrt kommen. Irgendwann musst du nicht mehr nachgucken, ob sich nicht doch ein Monster oder Einbrecher im Dunkeln verbirgt – du hast deine Gefühle auch so unter Kontrolle. Dann heißt es: »Mach's gut, Phobie!«, und du kannst dich den Eulen, Katzen, Motten und Fledermäusen anschließen, den furchtlosen Freunden der Nacht!

Eine Angst schlägt die andere

Du erinnerst dich doch an die Geschichte vom Anfang dieses Kapitels. Tja, das war meine eigene Geschichte. Bis zu meinem zehnten Geburtstag hatte ich furchtbare Angst, im Dunkeln zu schlafen. Als ich ganz klein war, mussten meine Eltern immer eine Lampe oder ein Nachtlicht brennen lassen, wenn sie mich ins Bett brachten. Irgendwann beschlossen sie, mir diese schlechte Angewohnheit auszutreiben. Sie schalteten die Lichter nach und nach ab und das klappte auch . . . bis zu einem gewissen Punkt. Im Zim-

mer brauchte ich kein Licht mehr, aber stockdunkel durfte es auch wieder nicht sein. Wenigstens im Flur musste das Licht brennen und die Tür musste unbedingt einen Spalt offen stehen. Sonst bekam ich sofort Panik.

Doch selbst im Halbdunkel sah ich die teuflischen Monster und Einbrecher, von denen ich vorhin erzählt habe. Und dann war da noch mein Bruder, der dauernd die Tür schloss, wenn er nach mir ins Bett ging . . . und ich saß jeden Tag völlig übermüdet in der Schule.

So konnte es nicht weitergehen und so ging es auch nicht weiter. Aber wie habe ich die Angst überwunden? Durch eine andere Angst – die Angst, mich zu blamieren! Immer wenn ich bei einem Freund übernachtete, musste ich bitten und betteln: »Lass doch die Tür einen Spalt offen!« Furchtbar, was? Einer meiner Freunde hatte dann auch enorme Freude daran, das »Riesenbaby« zu veralbern, das sich so sehr im Dunkeln fürchtete. Deshalb beschloss ich eines Nachts, die blöde Angst loszuwerden. Ich bildete mir nicht ein, ich könnte sie einfach so besiegen, nein, ich wollte sie einfach loswerden! Ich hatte genug! Und siehe da, es funktionierte.

Ich ging extra früh schlafen, löschte das Licht und schloss ganz langsam die Tür. Im Bett spulte ich das übliche Programm ab: Ich zuckte bei jeder knarrenden Diele, bei jeder jaulenden Katze zusammen. Aber ich konnte ja überhaupt nichts sehen, noch nicht mal Schatten! Wie sollte ich mir da vorstellen, dass die zerknüllte Krawatte meiner Schuluniform zu einer Riesentarantel mutiert war? Oder dass der Bademantel an der Tür einen mordlüsternen Irren verbarg, dessen Gesicht in der dunklen Kapuze verschwand? So ganz ohne Anhaltspunkte wusste ich bald nicht mehr, was ich mir noch alles ausmalen sollte, und ich schlief einfach ein. Ich schlief die ganze Nacht durch und am nächsten Morgen war ich nicht nur außergewöhnlich gut erholt, sondern auch noch unglaublich stolz, meine langjährige Angst überwunden zu haben. Von da an schlief ich jede Nacht im Dunkeln.

Einen Nachteil hatte das Ganze doch: Ich musste mir eine neue Ausrede ausdenken, wenn ich morgens nicht in die Schule wollte . . .

ABGRÜNDE, STÜRZE, GROSSE PLÄTZE
Schwindelerregende Höhen

Ich hab richtig üble Höhenangst und ihr könnt mir glauben, das ist kein Spaß. Überhaupt kein Spaß. Wenn ich irgendwo weit oben stehe und runterschaue, fühle ich mich, als würde ich gleich umkippen. Ich will runter, nur wieder runter. Und wenn ich mich dabei leicht nach vorne lehne, meinetwegen über ein Geländer, bekomme ich totale Panik. Meine Haut kribbelt, mein Körper reißt mich automatisch zurück, weg vom Abgrund. Aber das wäre alles halb so wild, wäre mir die Sache nur nicht so furchtbar peinlich. Hier sind meine bisherigen Top Drei der schlimmsten Blamagen:

1. Auf einem Schulausflug mussten wir eine extrem hohe Leiter hinaufklettern, um uns von oben abzuseilen. Ich blieb als Einziger unten. Ich kam bis zur zehnten Sprosse (und für mich war das schon neuer Rekord!), aber dann war Schluss.

2. Danach ging es auf die Skipiste und wieder war ich der Einzige, der es nicht nach oben schaffte. Ich musste den Hang auf halber Höhe runterfahren . . .

3. Einmal war ich Trampolin springen auf einem großen Trampolin, wo man einen Hüftgurt trägt und richtig hoch in den Himmel fliegt. Ich sprang also auf und ab . . . und pieselte mir plötzlich vor Angst in die Hose! Gott, war das peinlich!

Jake M., Wales

Die Angst

Du stehst auf dem Dach eines Wolkenkratzers, als du auf einmal ausrutschst und fällst, fällst, fällst . . . Oder du sitzt im Flugzeug, als du plötzlich durchs Fenster gesaugt wirst – zwischen dir und dem steinharten Boden liegen nur noch gut 1.000 Meter eisige Luft, deine Kleidung flattert und klatscht gegen den Körper. Auf deinem Sturzflug durch Wind und

Wolken starrst du mit weit aufgerissenen Augen auf dein baldiges Grab, das von Sekunde zu Sekunde näher rückt, der unbarmherzigen Schwerkraft sei Dank. Fragt sich nur, *wie* du enden wirst: als zertrümmertes Etwas oder als undefinierbarer Fleck? Du ruderst mit den Armen und strampelst mit den Beinen, obwohl du weißt, dass du keine Chance hast. Du bist eben kein Vögelchen, das sich leichtfüßig durch die Lüfte schwingt, sondern ein Mensch, ein großer, schwerer Mensch, und Flügel hast du erst recht keine . . .

Ich stelle mir das übrigens immer auf der Flugzeugtoilette vor. Mir ist schon klar, dass es *absolut unmöglich* ist, doch vor meinem inneren Auge sehe ich mich jedes Mal, wie ich durch die Kloschüssel ins Freie gesaugt werde, begleitet vom lauten Zischen der Vakuumspülung. Natürlich bleibt es immer bei der Vorstellung – und wenn ich ehrlich bin, würde ich wahrscheinlich mit dem Hinterteil im Abfluss stecken bleiben . . .

Die Realität

Wir Menschen können nicht fliegen. Zumindest nicht ohne Hilfsmittel wie Gleitschirme oder Flugzeuge. Das ist eine Tatsache.

Im Vergleich zu anderen Tieren sind wir auch noch ziemlich zerbrechlich und neigen zum, na ja, wie soll ich es sagen . . . zum »Zermanschtwerden«. Wenn wir von weit oben auf eine harte Fläche fallen, zerspringen selbst unsere stabilsten Bauteile wie Glas, während die matschigeren Bauteile platzen wie Luftballons.

Wir können nicht fliegen und wir sind furchtbar zerbrechlich. Kein Wunder, dass wir uns da vor Abgründen fürchten. Eigentlich sollten wir gar nicht erst irgendwo raufsteigen! Wenn du eine beliebige Person aufs Dach eines 50 Stock hohen Wolkenkratzers schleppst und nett bittest, doch mal zum Rand zu gehen und runterzugucken, wirst du aller Voraussicht nach eine eindeutige Reaktion ernten: weit aufgerissene Augen, scharfes Einatmen und ein schneller Rückzug von der verräterischen Kante. Und das ist auch sehr vernünftig so.

Doch für einen echten *Akrophobiker* – also für jemanden, der unter extremer Höhenangst leidet – braucht es keine 50 Stockwerke. Nein, da reichen unter Umständen schon *50 Zentimeter.* Und zu allem Überfluss wird ihm dabei wahrscheinlich schwindlig: Er verliert das Gleichgewicht und wankt und schwankt hin und her wie ein neugeborenes Rehkitz, das sich noch kaum auf den Beinen halten kann. Solche Schwindelanfälle schlagen nicht nur in großen (oder auch kleinen) Höhen zu, sondern suchen auch *Agoraphobiker* heim. Was ist das nun wieder? Nun, Menschen mit *Agoraphobie* bekommen auf großen, freien Plätzen Panikattacken, zum Beispiel auf Marktplätzen und Feldern, aber auch in Einkaufszentren, Supermärkten oder sogar bei sich zu Hause. Und dazu müssen sie nicht mal im ersten Stock wohnen.

Ich weiß, *Akrophobie* und *Agoraphobie* klingen ungeheuer ähnlich und sie werden auch oft verwechselt. Aber nicht alle *Agoraphobiker* sind auch *Akros,* und nicht alle *Akrophobiker* sind auch *Agoras.* Und als wäre das nicht alles schon verwirrend genug, gibt es auch noch eine *Akarophobie*: die Angst vorm Jucken! Ein *Agoroakroakarophobiker* würde sich also davor fürchten, irgendwo weit oben auf einem freien Platz zu stehen und dabei den kratzigen Wollpulli zu tragen, den er letztes Weihnachten vom lieben Tantchen geschenkt bekommen hat . . .

Aber woher kommen diese Ängste denn nun? (Die *Akarophobie* jetzt mal beiseitegelassen.) Tja, auch diese Phobien entwickeln sich aus einfachen, sinnvollen Ängsten. Aus Ängsten, die über sich hinauswachsen, bis sie zu unbezwingbaren Angstzuständen und Panikattacken führen – und das ist dann alles andere als sinnvoll.

Platzangst? Raumangst? Hä?

In der Umgangssprache geht es ziemlich drunter und drüber. Da wird die Klaustrophobie, die Angst vor engen Räumen, die wir gleich näher kennenlernen werden, schon mal zur »Platzangst« – und dann ist die Agoraphobie beleidigt, denn »Platzangst« ist doch ihr Spitzname! Also noch mal langsam zum Mitschreiben:

Agoraphobie = Platzangst

Klaustrophobie = Raumangst

Ich bleibe lieber gleich bei den Fachausdrücken, damit da erst gar keine Verwirrung aufkommt . . .

Eine gesunde Höhenangst bewahrt uns davor, in Abgründe zu stürzen, von Bäumen zu fallen oder auf Wolkenkratzern herumzukraxeln. Jeder verfügt über den angeborenen Instinkt, sich von derartigen Gefahren fernzuhalten, nur ist er bei den einen stärker, bei den anderen schwächer ausgeprägt. Und was ist mit Akrobaten, Stuntmen und Bauarbeitern? Die schwingen sich doch an dünnen Leinen durch die Luft, stürzen sich aus Fenstern oder laufen auf wackeligen Gerüsten herum! Stimmt schon, doch selbst diese unerschrockenen Menschen haben sich ihre natürliche Höhenangst meist nur abgewöhnt. Wer über Monate oder Jahre hinweg jeden Tag schwindelerregenden Höhen ausgesetzt ist, verlernt seine angeborene Furcht.

Auch die *Agoraphobie* wurzelt in einer natürlichen Angst. Auf dem freien Feld oder an Orten, wo ihnen kein Fluchtweg bleibt, fühlen sich die wenigsten Tiere wohl – sie spüren einfach, dass sie sich nicht verstecken oder fliehen können, falls sie plötzlich angegriffen werden. Dieser Instinkt ist vielen Tieren in die Wiege gelegt, manchen mehr als anderen, und wir Menschen machen da keine Ausnahme. Deshalb fühlen sich die meisten Leute wohler, wenn sie von Bäumen oder Gebäuden umgeben sind, als wenn sie mitten in einem flachen Sumpf, einer endlosen Wüste oder kahlen Ebene stehen. Obwohl wir gerade dort freie Sicht haben, fühlen wir uns ungeschützt und angreifbar, denn tief im Inneren wissen wir: Wir können nirgendwohin fliehen, wir können uns nirgends verstecken.

Bei manchen *Agoras* und *Akros* haben sich diese alten Ängste schlicht gesteigert. Sie rufen eine stärkere körperliche Reaktion hervor und werden früher ausgelöst – also schon bei Höhen und Plätzen, die wir anderen noch nicht *so* hoch, *so* groß oder *so* gefährlich finden.

Aber was ist mit dem Schwindelgefühl? Was bringt es, wenn man wie wild hin und her schwankt und schlimmstenfalls umkippt? Das ist doch das Blödeste, was man an einem gähnenden Abgrund tun kann! Und warum sollte man ausgerechnet *umfallen,* wenn man auf einem freien Feld steht?

Stimmt schon, diese Reaktion hilft uns wirklich nicht weiter. Nicht im Geringsten! Unsere normalen Angstreaktionen haben ihren Sinn, aber Schwindelattacken, Taumeln und Wanken machen alles nur noch schlimmer, besonders wenn wir uns in großer Höhe oder auf weiten Plätzen herumtreiben. Und wer ist schuld an dem Schlamassel? Ein körpereigenes System, das deinem Gehirn sagt, wo oben und unten ist. Normalerweise sorgt dieses System dafür, dass du das Gleichgewicht halten kannst – doch wenn es versagt, wird dir schwindlig.

Das Gehirn sammelt und verrechnet drei Arten von Informationen über den Körper und die Umgebung, um die Balance zu halten. Die ersten Informationen werden von der Muskulatur bereitgestellt, genauer gesagt von kleinen »Messgeräten«

in der Muskulatur, sogenannten *Rezeptoren,* die ständig messen, wie gestreckt oder zusammengezogen deine einzelnen Muskeln sind. Das Gehirn setzt die Daten von allen Muskeln zusammen und rechnet sich aus, wie deine Körperteile zueinander ausgerichtet sind. Durch diesen Vorgang, die *Propriozeption,* weißt du sogar mit geschlossenen Augen, was deine Arme, Beine, Finger und Zehen gerade so treiben.

Die nächsten Informationen stammen von den Augen. Sie erfassen die Umgebung und registrieren, was alles um dich herum los ist. Daraus schließt das Gehirn, wo oben und unten ist, wie weit du vom Boden und von anderen Gegenständen entfernt bist, und so weiter.

Die dritten Informationen kommen vom *Vestibularapparat* im Innenohr, einem Organ, das mit einer speziellen Flüssigkeit gefüllt ist. Dieses *Gleichgewichtsorgan* spürt, in welche Richtung dich die Schwerkraft zieht, sodass du auch ohne längeres Grübeln oder heimliches Spicken weißt, wo oben und unten ist. Also eigentlich nur, wo unten ist, aber den Rest kannst du dir ja denken.

Bei den meisten gesunden Menschen bastelt das Gehirn diese drei Informationen flugs zusammen, um ein vollständiges Bild des Körpers im Raum zu erhalten. Ein Bild, das extrem wichtig ist, um einen aufrecht stehenden Menschen auszubalancieren. Doch manchmal ist der *Vestibularapparat* beschädigt oder verändert – und liefert daher Informationen, die nicht zu den Informationen der Augen zu passen scheinen. Und das wirft das Gehirn völlig aus der Bahn. Dann hat man schon mal das Gefühl, man würde sich nach vorne lehnen oder sogar vornüberkippen, obwohl man in Wirklichkeit kerzengerade dasteht.

Besonders kritisch wird es, wenn die Augen nicht abschätzen können, wie weit der Boden entfernt ist, also besonders in großer Höhe. Deshalb verlieren manche *Akrophobiker* das Gleichgewicht, wenn sie in einen tiefen Abgrund schauen. Dasselbe passiert, wenn die Augen nicht abschätzen können, wie nah der nächste Gegenstand ist, also besonders auf weiten, freien, leeren Flächen, aber auch in geräumigen Einkaufszentren mit hohen Decken und breiten Gängen. Deshalb kippen *Agoraphobiker* öfter mal um – sofern sie sich nicht gleich an die Wand klammern, um das fiese Schwindelgefühl loszuwerden.

Die Wahrscheinlichkeit

Die Wahrscheinlichkeit, *von* (also nicht *auf* oder *in*) einer freien Fläche, einem Einkaufszentrum oder einem Supermarkt verletzt zu werden, beträgt null Komma nichts. Die Chancen auf einen tödlichen Sturz stehen in den USA allerdings folgendermaßen:

✋ von einer Leiter oder von einem Gerüst	eins zu 9.000
✋ von einem hohen Gebäude	eins zu 6.500
✋ von einem Stuhl oder vom Bett	eins zu 5.800
✋ die Treppe oder ein paar Stufen runter	eins zu 2.500

Aber denk jetzt nicht, in den USA würden sich besonders viele Menschen zu Tode stürzen. Wie vorhin krame ich die amerikanischen Statistiken nur heraus, weil dort am sorgfältigsten mitgezählt wird – damit man sich hinterher gegenseitig verklagen kann, oft schon Sekunden nach dem Sturz . . .

Alles in allem . . .

Auch *Akrophobien* und *Agoraphobien* entwickeln sich meist aus natürlichen Ängsten, die ungestört wachsen und wuchern dürfen, bis sie sich kaum mehr bändigen lassen. Doch selbst Menschen, die angesichts großer Höhen und weiter Plätze waschechte Panikattacken bekommen, können durch eine behutsame *Akklimatisation* lernen, ihre Ängste zu kontrollieren.

Oft fangen sie mit zahmen Erhebungen oder kleinen Räumen
an, bevor sie sich auf größere Hügel oder Felder wagen. Ja,
mit einem *Virtual-Reality-Gerät* kann man sich sogar zuerst
in einer künstlichen Computer-Realität an das beängstigende
Gefühl gewöhnen. (Falls das *Gleichgewichtsorgan* nicht richtig funktioniert, muss man eventuell zusätzlich Medizin nehmen oder eine spezielle Behandlung über sich ergehen lassen,
um das Schwindelgefühl loszuwerden.)

Das Gute ist, dass sich sowohl *Akros* als auch *Agoras* ganz
einfach irren – Abgründe und weite Plätze können uns modernen Menschen kaum noch gefährlich werden. Als Jäger
und Sammler haben sich unsere Urahnen völlig zu Recht vor
freien Feldern gefürchtet, wo sie sich nicht vor reißenden Sä-
belzahntigern verstecken konnten. Aber was soll uns schon
passieren? Im Kaufhaus oder im Supermarkt dürften wir kaum
wilden Tieren begegnen. (Oder wo gehst du einkaufen!?) Das
Risiko, auf einem weiten Platz verletzt oder getötet zu werden,
ist verschwindend gering und auf keinen Fall höher als irgendwo sonst. Was die Höhenangst angeht, sollten wir natürlich nicht ohne entsprechende Ausrüstung und Sicherheitssei-
le an Felshängen herumklettern oder über Abgründe balan-
cieren. Außer du bist ein Ninja oder einer von diesen verrück-
ten Parcours-Typen, die im Salto über Häuser springen. Und
selbst dann passt du besser ein bisschen auf, damit du nach
dem *Parkcours* nicht zur *Kur* musst. (Okay, der war schlecht.)

Aber vor allem muss man sich immer wieder ins Gedächtnis
rufen, dass ganz normale Treppen viel, viel gefährlicher sind
als alle Felsküsten, Bäume und Wolkenkratzer zusammen.
Unglaublich, aber wahr: Im eigenen Heim stolpern und stürzen sich deutlich mehr Menschen ins Krankenhaus oder gleich
ins Grab als sonst wo! Also denk immer an die Moral von der
Geschicht': Hang und Abgrund sind halb so wild, wenn dich
die heimische Treppe killt.

Extreme Höhentherapie

»Die Dunkelheit« hatte ich besiegt, doch unter Höhenangst litt ich noch mit 16 Jahren. Und Schiss hatte ich nicht nur vor richtig hohen Gebäuden oder so, oh nein, das wäre zu einfach gewesen. Im Grunde hatte ich schon ab zwei Metern (und insbesondere in der Nähe von Abgründen und Felskanten) das Gefühl, mir würde das Hirn zwischen den Knien durchrutschen. Wenn meine Freunde auf Bäume kletterten, machte ich immer mit, aber ich fand es total schrecklich – mir war von Anfang bis Ende schwindlig und noch dazu dachte ich, ich würde mir jeden Moment in die Hose machen. Als wir mit der Schule zu den berühmten Kreidefelsen von Dover fuhren, blieb ich gaaaaanz weit hinten, möglichst weit weg vom Abgrund, während die anderen über den Hafen, den Strand und den Ärmelkanal schauen konnten ... Doch im Alltag war es kein Problem, nah am sicheren Boden zu bleiben, weshalb ich keinen Grund sah, auch noch diese Angst zu überwinden. Meine Höhenangst war nicht halb so nervig wie meine alte Angst vor der Dunkelheit und so blieb sie mir erhalten, bis ich 16 war ...

Oder anders gesagt: Bis mein Freund Neil von einem sogenannten »Abenteuerurlaub« in Wales zurückkehrte. Dort hatte er klettern, abseilen und alles Mögliche andere gefährliche Zeug gelernt, und das wollte er jetzt auch in unserem heimatlichen Kent machen. Die Ausrüstung war kein Problem: Seile, Geschirr, Kletterschuhe, Neil hatte alles auf Lager. Aber natürlich ging das nicht allein, er brauchte einen Partner und dazu hatte er ... mich auserkoren. Ich überlegte es mir eine Weile. Aber warum eigentlich nicht, beschloss ich irgendwann, das wäre doch eine gute Gelegenheit herauszufinden, ob ich meine Höhenangst nicht doch besiegen könnte. Entweder entwickle ich mich zu einem furchtlosen Spinnenmenschen, dachte ich mir, oder ich finde mich eben mit einem Leben knapp über dem Erdboden ab.

Also gingen wir in den Wald, wo eine alte Eisenbahnbrücke stand,

die schon lange nicht mehr benutzt wurde – eine rote Ziegelbrü-
cke, deren Bögen sich 30 Meter hoch über ein bewaldetes Flusstal
spannten. Dort übten die örtlichen Pfadfindergruppen immer
Klettern und Abseilen.

»Wir fangen oben an«, sagte Neil, als wir auf der Brücke standen.
Er legte sich das Klettergeschirr an und sicherte es mit Seilen an
verschiedenen Bäumen. »Wir seilen uns nach ganz unten ab und
klettern dann wieder rauf. Dann kommen wir mit jedem Schritt
näher zum Boden, das Schlimmste haben wir also bald überstanden. Wart's ab, bevor du wieder raufmusst, hast du die Höhenangst schon besiegt!«

Das klang doch nicht schlecht. »Alles klar. Was soll ich machen?«

»Schau mir erst mal zu.« Er steckte zwei Leinen durch einen Me-
tallring am Gürtel. »Also das ist dein Abseil-Seil, das steckst du
hier durch und hältst es *so* fest . . . Das darfst du auf keinen Fall
loslassen, klar?«

»Und wenn ich es doch loslasse?«, wimmerte ich. »Dann stürze ich
ab, oder was?«

»Quatsch!« Neil grinste. »Dafür ist doch das andere Seil da.« Er
schnappte sich eine andere Leine und peitschte sie auf und ab. Sie
zitterte auf der ganzen Länge bis zum Baum am anderen Ende.
»Das ist das Sicherheitsseil. Das hält dich fest, wenn du das andere loslässt. Komm, ich zeig dir das mal . . .«

Damit trat er einen Schritt zurück auf die Kante der Brücke. Direkt hinter ihm gähnte der 30 Meter tiefe Abgrund, der harte Waldboden wartete schon. Er lehnte sich zurück, über den Rand, ließ die Seile los und verlagerte das Gewicht allmählich nach hinten. »Siehst du? Überhaupt kein Problem. Das ist total – aaaaaaaaaaaahhhhhhhhhhh!« Und weg war er.

Ich dachte schon, ich würde meinen Freund nie wiedersehen, doch zum Glück konnte er sich im letzten Moment mit einer Hand an die Steinkante klammern. Ich preschte vor, packte ihn am Arm und zog ihn hoch.

»Sorry«, keuchte er, »war das falsche Seil. Versuchen wir's noch mal.«

Du kannst dir denken, wie ich Neils Fähigkeiten als Kletterlehrer nach diesem Vorfall beurteilte. Kaum zu fassen, dass wir uns trotzdem abseilten und wieder raufkletterten – und das insgesamt dreimal an diesem Tag! Neil hatte sich eine sehr ungewöhnliche »Extremtherapie« ausgedacht, aber sie funktionierte: Von der Höhenangst war ich ein für alle Mal kuriert!

EINGEENGT UND UMRINGT
In einem winzigen Kasten hoch oben in der Luft? Ohne mich!

In den meisten Familien fürchten sich die Kinder vor allen möglichen Sachen, während die Eltern total mutig sind. Bei uns war
es anders. Als ich klein war, hatte mein Vater viel mehr Angst als
ich – besonders vor engen, kleinen Räumen. Wahrscheinlich
hatte er diese *Klaustrophobie* schon als Kind entwickelt und sie
war einfach nicht weggegangen. Einmal fuhren wir alle zusammen nach Saint Louis. Das Wahrzeichen von Saint Louis ist der
Saint Louis Arch, ein 192 Meter hoher Stahlbogen, das höchste
Denkmal der Vereinigten Staaten. Nach oben kommt man nur in
einem kleinen, kastenförmigen Wagen, einer Art Gondel für
höchstens fünf Personen. Die Fahrt dauert vier Minuten. Als wir
einsteigen sollten, bekam mein Vater plötzlich Panik. Er deutete
auf meinen vier Jahre alten Bruder und meinte: »Wir können da
nicht rein, Brian wird sich fürchten!« Jaja, schieb's nur auf den
Vierjährigen!

Heather M., USA

Die Angst

Ach ja, die gute alte *Klaustrophobie* – die Angst, in engen oder
abgeschlossenen Räumen gefangen zu sein. Mit der Vorstellung, in einem kaputten Aufzug festzusitzen, kommen die
meisten noch ganz gut klar, obwohl so ein kühler Metallkäfig
alles andere als gemütlich ist. Aber wer will schon lebendig
begraben werden oder in einem feuchten, finsteren Tunnel
tief unter der Erde feststecken? Bei dieser Vorstellung läuft es
jedem kalt den Rücken runter. Oder doch nicht? Dann stell dir
mal vor, du wirst von einer panischen Menschenmenge zerquetscht. Oder ein 100 bis 1.000 Mann starkes Rudel wild ge-
wordener Leute rennt dich über den Haufen und trampelt über
dich hinweg . . .

Wenn du länger darüber nachdenkst, wird dir wahrscheinlich schon ein bisschen mulmig. Was sonst? Schließlich haben die wenigsten Leute Lust, zermalmt oder erstickt zu werden. Es kann aber auch sein, dass sich dein Hals schlagartig zuschnürt, dass deine Atmung rasant beschleunigt, dass du die Schultern nach vorne schiebst und den Hals einziehst wie eine verschreckte Schildkröte – dann gehörst du zu einer anderen, ebenfalls sehr großen Gruppe: zu den echten *Klaustrophobikern*. Und dein schlimmster Albtraum ist wahrscheinlich, in einem engen Raum eingeschlossen und zerquetscht zu werden . . .

Die Realität

Es heißt nicht umsonst: »Jetzt wird's eng.« Wenn es eng wird, kann es tatsächlich gefährlich werden, und das wissen dein Gehirn und dein Körper. In einer solchen Notsituation lösen die Nerven daher ein Alarmsystem aus, das schon unsere tierischen Vorfahren vor Schaden bewahrt hat – und jetzt kümmert es sich um uns. Nett, nicht wahr? Wie die Furcht vor großen Höhen, weiten Plätzen oder finsteren Nächten entwickelt sich auch die *Klaustrophobie* aus einer natürlichen Angst.

Ist doch klar, dass wir Situationen und Orte meiden, wo wir zerquetscht oder erstickt werden könnten! Unsere knochigen Schädel und Brustkörbe haben zwar die Aufgabe, unsere zarten Organe zu schützen, und normalerweise machen sie das auch ganz gut. Doch wenn man genug Zeug (oder Menschen) auf uns draufstapelt, geben unsere natürlichen Schutzhelme und Brustpanzer nach und

unser Gehirn, unsere Lungen und anderen Organe werden durchlöchert und zerquetscht. Und wenn wir keine Luft bekommen, halten wir erst recht nicht lange durch, wir fürchten uns also völlig zu Recht vor engen, stickigen Räumen. Fassen wir zusammen: Atmen und die normale Körperform bewahren – gut; *nicht* atmen und/oder geplättet werden wie eine Flunder – schlecht, sehr schlecht.

Doch die *Klaustrophobie* dreht sich nicht nur ums Zerquetscht- oder Ersticktwerden. Das Gefühl, gefangen zu sein, nicht fliehen zu können, spielt eine noch größere Rolle. Aber ist das nicht ebenfalls absolut nachvollziehbar? Unsere Vorfahren hatten bestimmt keine Lust, von geifernden Raubtieren in die Enge getrieben und aufgefressen zu werden. Das wäre doch keinen Deut besser gewesen als ein Tod durch Zerquetschen oder Ersticken. Ganz im Gegenteil!

Das Problem ist, dass richtige *Klaustrophobiker* und *Ochlophobiker* (Leute, die sich speziell vor Menschenmengen fürchten) viel zu früh Panik bekommen – also wenn sie eigentlich noch eine Menge Platz und Luft zum Atmen haben. Sie fühlen sich, als würden die Wände immer näher rücken, aber das tun sie gar nicht. Die Wände sind einfach *da,* das ist alles. Doch das reicht schon, um ein *Gefühl* heraufzubeschwören und immer weiter zu steigern, das sie aus ihren schlimmsten Albträumen kennen. Und das geht so:

Wie bei anderen Phobien setzen die körperlichen Reaktionen ein, obwohl noch gar keine reale Gefahr besteht: Die Atmung beschleunigt und die Muskeln verkrampfen – besonders die Muskulatur um die Lungen, weil schnelles Atmen Brustkorb und Zwerchfell auslaugt. Doch für *Klaustrophobiker* ist das besonders gemein, denn dadurch fühlen sie sich, als würden ihre schlimmsten Ängste wahr werden: Sie fürchten sich vor dem Gefühl, zerquetscht und erstickt zu werden, und die automatische Reaktion ihres Körpers vermittelt ihnen genau dieses Gefühl – sie spüren eine Enge in der Brust, ihre Lunge ringt nach Luft und bekommt (scheinbar) nicht genug ab. Im schlimmsten Fall atmet der Arme dadurch noch schneller, er *hyperventiliert,* was das Gefühl noch weiter verschlimmert! So entsteht ein Teufelskreis, aus dem der *Klaustrophobiker* oft nur ausbrechen kann, indem er aus dem Zimmer oder aus der Menschenmasse flieht. Erst wenn er das Gefühl hat, sich wieder frei bewegen, wieder frei atmen zu können, beruhigt er sich. Andernfalls fällt er womöglich in Ohnmacht[*].

Die Wirklichkeit sieht ganz anders aus: Kaum jemand kommt in Menschenansammlungen, ausgetickten Aufzügen oder Tunneln ums Leben. Aber das ist der *Klaustrophobie* egal. Wenn man nicht aufpasst, wird sie stärker und stärker; schließlich hält man es nicht mal mehr in normalen Häusern oder Zimmern aus und flieht schon vor kleinsten »Menschenmengen« auf der Straße. Wer unter einer echten *Klaustrophobie* leidet, sollte daher unbedingt versuchen, seine Angst zu verstehen und in den Griff zu bekommen. Ein Therapeut oder Psychologe kann helfen zu begreifen, dass die meisten engen Räume und Menschenansammlungen *wirklich* nicht gefährlich sind. Und irgendwann ist man das furchtbare »Ich-komm-hier-nicht-mehr-raus«-Gefühl los!

Die Wahrscheinlichkeit

Deine akute Verletzungsgefahr richtet sich natürlich danach, in was für einem engen Raum du dich aufhältst und wie schnell Hilfe kommt, falls du tatsächlich festsitzen solltest. In einem handelsüblichen Schrank wirst du kaum ersticken, nicht mal wenn dich dein fieser kleiner Bruder (oder ein ähnlich sympathischer Zeitgenosse) hineinlockt und einsperrt.

---

[*] Obwohl gerade das auf Rockkonzerten oder in überfüllten Fußballstadien nicht anzuraten ist. Schlimmstenfalls kann man von Leuten, die einen nicht auf dem Boden liegen sehen, zu Tode oder ins Krankenhaus getanzt werden. Bestenfalls wacht man hinterher in einer Pfütze aus Cola und Bratwurstfetzen auf.

Glaub mir, bald bist du da wieder raus, und zwar mit ziemlicher Sicherheit in einem Stück. Denn zum einen gibt es kaum luftdichte Schränke und zum anderen stehen Schränke für gewöhnlich in Häusern, wo öfter mal jemand vorbeikommt (in der Regel ein wütendes Elternteil). Du dürftest also eher früher als später befreit werden und dann – ha! – kann sich dein kleiner Bruder aber auf was gefasst machen!

Auch Aufzüge sind weitgehend harmlos. Ja, selbst kaputte Aufzüge! Genau wie Schränke sind sie fast nie komplett luftdicht, sodass du notfalls stunden- oder sogar tagelang in dem kleinen Metallkäfig ausharren könntest, ohne zu ersticken. In Großbritannien und den USA sterben nicht mal zehn Leute im Jahr bei Unfällen, die mit Aufzügen zusammenhängen – und von diesen zehn stiefeln fast alle in den leeren Aufzugsschacht! Von daher hätte ich da einen wertvollen Tipp für dich: Schau immer nach, ob der Aufzug auch tatsächlich *da* ist, bevor du einsteigst. Ich persönlich halte es ja mit Zügen, Bussen und Flugzeugen genauso und ich muss sagen, bisher bin ich damit gut gefahren . . .

Im Normalfall wird fast niemand von einer Ansammlung von Menschen zerquetscht oder bleibt in Eisenbahn- oder Autotunneln stecken. Was nicht heißen soll, dass es in *Menschenmassen* nicht auch brenzlig werden kann. Dann ist es wichtig, einen kühlen Kopf zu bewahren.

Besonders gefährlich wird es aber, wenn du dich (am besten allein!) in enge Höhlen unter der Erde wagst. Das sollte man wirklich nur mit viel Erfahrung und vor allem mit der richtigen Ausrüstung tun; selbst ernannte »Höhlenforscher« bleiben gern irgendwo stecken. Genauso darf man nicht allein in brachliegenden Minen und Tunneln oder auf Baustellen herumkraxeln. Alle paar Wochen bricht ein bröseliger Tunnel oder eine labile Baugrube über einem armen Kind zusammen, das ein bisschen zu mutig sein wollte. Du kennst doch diese

Schilder: »ZUTRITT FÜR UNBEFUGTE VERBOTEN!« Tja, die werden nicht zum Spaß aufgestellt.

Insgesamt liegt die Wahrscheinlichkeit, aus Versehen bei lebendigem Leibe begraben zu werden, bei rund eins zu 75.000. In einem abgeschlossenen Raum festsitzen und ersticken wirst du mit einer Wahrscheinlichkeit von eins zu 200.000. Es gibt also wahrscheinlichere Schicksalsschläge, aber aufpassen schadet trotzdem nicht.

Alles in allem . . .

Ein echter *Klaustrophobiker* wäre zweifellos anderer Meinung, doch ich kann dir versichern: Enge Räume, Aufzüge, Bahnsteige, Fußballstadien und Konzerthallen sind weitgehend harmlos. Auch vor Wänden und Menschenmassen muss man sich in der Regel nicht fürchten, außer sie rücken tatsächlich immer näher. Aber im Normalfall ist das alles halb so schlimm.

Falls du in engen Räumen oder größeren Menschenmengen Panik bekommst, können dir die Übungen aus den letzten Kapiteln weiterhelfen. Nur gewöhnst du dich diesmal nicht an die Dunkelheit oder an große Höhen, sondern an deine persönlichen Albträume. So lernst du allmählich, deine Atmung und deine übrigen körperlichen Reaktionen zu kontrollieren, und damit auch deine Angstzustände. Versuch's zuerst mit nicht ganz so engen Räumen und kleineren Menschenansammlungen, bevor du dich an kleinere (beziehungsweise größere) wagst. Auf diesem Weg lässt sich die Angst schließlich ganz überwinden. Sind dir reale Kämmerchen und viele Menschen auf einem Haufen zu beängstigend, kannst du es auch hier zunächst mit *Virtual-Reality-Simulationen* probieren.

IM RAMPENLICHT
Aufgerufen

Eigentlich konnte ich den Stoff in- und auswendig. Ich hätte jede Frage im Kopfstand beantworten können. Wenn ich gewollt hätte, hätte ich ein richtiger Angeber sein können – wäre ich nur nicht so furchtbar aufgeregt gewesen. Wenn mich die Lehrerin (vor der ganzen Klasse!) aufrief, verwandelte ich mich auf der Stelle in einen brabbelnden Affen. Die Antworten waren wie weggeblasen und ich stotterte vor mich hin wie der letzte Idiot. Da hockte ich auf meinem Platz, unter den Blicken der anderen, und brachte höchstens heraus: »Weiß nicht.«

Die Angst

Manche haben überhaupt kein Problem damit, vor einer riesigen Menschenmenge zu stehen und zu reden. Andere würden lieber am Bungee-Seil von einer 100 Meter hohen Brücke springen oder in einem von blutrünstigen Haien verseuchten Becken baden gehen. Alles besser, als sich einem Publikum zu stellen! Diesen Leuten verschlägt es wortwörtlich die Sprache, wenn sie plötzlich auf die Bühne geschoben werden oder vor der ganzen Klasse sprechen sollen. Der Mund klappt auf und zu, aber die Wörter wollen einfach nicht herauskommen. Wie ein Goldfisch auf dem Trockenen stehen sie da und glotzen hilflos vor sich hin. Ihre Arme und Beine zittern, am liebsten würden sie weglaufen, sich irgendwo verstecken und in aller Ruhe weinen. Kommt dir das bekannt vor? Wenn ja, bist du nicht allein. Viele, sogar sehr viele Menschen leiden unter *Glossophobie,* der Angst vor dem öffentlichen Sprechen. Wobei es oft gar nicht erst zum Sprechen kommt, weil sie sowieso nichts herausbringen . . .

Die Realität

Die *Glossophobie* ist unglaublich weit verbreitet. In jeder Schulklasse sitzen mindestens vier oder fünf kleine oder nicht mehr ganz so kleine *Glossophobiker*. Und bei den Erwachsenen sieht es ähnlich aus, denn aus dieser Angst wächst man nicht so leicht heraus. Dazu muss man richtig üben und man braucht Hilfe. Warum ist die *Glossophobie* nur so hartnäckig? Weil sie zu den *sozialen Phobien* gehört – zu Ängsten, die sich darum drehen, von anderen beobachtet, beurteilt und eingeschätzt zu werden, besonders von fremden Menschen oder sehr vielen Menschen auf einmal.

Aber woher kommt sie und was bringt sie uns? Andere Ängste (vor der Dunkelheit, vor Abgründen, vor wilden Tieren und so weiter) haben ja wenigstens unseren Urahnen geholfen, in der Wildnis zu überleben. Aber warum sollten unsere Vorfahren keine Vorträge halten? Wäre das nicht sogar ziemlich nützlich gewesen? Die Urmenschen mussten sich doch auch mal absprechen! Und die besten Redner wurden dann zu Anführern, Königen und Kaisern erhoben. Ich meine, das ist doch heute noch so in der Politik! Okay, das war jetzt vielleicht ein schlechtes Beispiel, aber trotzdem: Sprechen ist im Allgemeinen sehr sinnvoll. Also warum will uns diese blöde Angst davor *beschützen?* Damit wir nicht ausgebuht und mit verfaultem Gemüse bombardiert werden, oder was? Wovor wollen uns unsere Instinkte diesmal bewahren?

Tja, eigentlich ... vor gar nichts. Mit anderen Menschen zu sprechen, selbst mit mehreren auf einmal, ist alles andere als gefährlich. Aber eigentlich geht es gar nicht ums Sprechen selbst. Sondern darum, vor einer Menschenmenge zu stehen und beobachtet zu werden – eine Situation, die eine viel ältere und nützlichere Angst auslösen kann: die Angst, von anderen Menschen eingekreist, bedroht und angegriffen zu werden.

In der ganzen Tierwelt und besonders unter den Primaten, zu denen Gorillas, Schimpansen und auch wir Menschen zählen, gibt es ein eindeutiges Signal für Kampf und Feindseligkeit: jemanden anzustarren. Wenn wir mit Leuten reden, denen wir vertrauen, zum Beispiel mit Freunden, starren wir sie deshalb auch nicht pausenlos an. Nein, unser Blick wandert ständig hin und her, von den Augen zum Mund zur Nase und wieder zurück, und ab und zu schauen wir richtig zur Seite. Glaubst du nicht? Dann probier's doch mal aus! Schnapp dir einen Freund, setz dich direkt gegenüber und unterhalt dich ein Minütchen mit ihm, ohne ihn eine Sekunde aus den Augen zu lassen. Ich bin mir sicher, euch beiden wird das bald ziemlich unangenehm sein. Du wirst dich danach sehnen, kurz zur Seite zu gucken. Damit willst du deinem Freund instinktiv signalisieren, dass du ihm nichts Böses willst. Starrt man sich zu lange an, hat man irgendwann das Gefühl, man müsste sich gleich prügeln.

Okay, dann nimm dieses eine starrende Augenpaar mal 30 – so sieht es im Klassenzimmer aus! Eigentlich kein Wunder, dass manche Schüler beim Ausfragen oder bei Referaten Schweißausbrüche kriegen. Und wenn wir das starrende Augenpaar mal 500 oder 1.000 nehmen, stehen wir auf der Bühne eines ausverkauften Theaters. Ganz schön heftig, was? Da braucht man schon eine Menge Mut, obwohl das Publikum (höchstwahrscheinlich) gar nichts Böses im Schilde führt. In den Augen deiner vorsintflutlichen Instinkte mutieren die freundlichen Theatergäste zu Mitgliedern eines feindlichen Stamms, die dich eingekreist haben und dir nun an die Gurgel wollen. Entsprechend flüstert dein Gehirn: Nichts wie raus hier! Und um dich auf die baldige Flucht vorzubereiten, schaltet es netterweise in den Kampf-oder-Flucht-Modus: Dein Puls beschleunigt, du atmest schneller und flacher, deine Muskeln spannen sich an und deinem Verdauungstrakt wird ein bisschen komisch (weil das Blut davon abgezogen wird). Schließlich stehst du da und sollst große Reden schwingen, während dein Gehirn ständig wispert: »Hör mal, wir hauen hier gleich ab. Alles klar? Also auf die Plätze, fertig . . . feeertig . . . feeeeertig . . .«

Manche Leute finden das erst recht spannend. Richtige *Glossophobiker* finden es einfach nur schrecklich.

Dabei ist der ganze Aufstand umsonst, wenn man mal in Ruhe darüber nachdenkt. Gähnende Abgründe, dunkle Gassen und enge Kammern können uns zumindest theoretisch gefährlich werden. Aber eine Schulklasse (unter Aufsicht des Lehrers) oder ein Theaterpublikum? Nie im Leben! Selbst wenn du eine richtig, richtig miese Vorstellung hinlegst, werden dich die Leute ja nicht gleich *umbringen*. Schlimmstenfalls erntest du eisiges Schweigen oder ein paar Buhrufe oder du musst dich unter einem bisschen verfaultem Obst und Gemüse wegducken. Klar, das macht keinen Spaß, aber was soll schon groß passieren*?

Kurz gesagt: Die *Glossophobie* ist völlig überflüssig. Aber das hat auch sein Gutes – kaum eine Angst lässt sich so leicht durch simples Üben bekämpfen. Schließlich musst du bei deiner Selbsttherapie überhaupt keine Angst haben, *denn die Ge*

---

* Außer du wirst von einer Ananas getroffen. So eine Ananas, selbst eine ziemlich matschige, könnte schon einen ordentlichen blauen Fleck hinterlassen. Nur gut, dass es gar nicht so leicht ist, eine ausgewachsene Ananas in ein Klassenzimmer oder Theater zu schmuggeln. Ich muss es wissen, ich hab's versucht.

fahr ist nicht real! Am besten fängst du mit einem Ein-Mann-Publikum an und arbeitest dich langsam hoch: erst zwei Menschen, dann zehn, dann die ganze Klasse. So schaffst du es im Handumdrehen vom Bühnenflüchtling zum Starschauspieler. Im Ernst!

Die Wahrscheinlichkeit

Ist die Frage ernst gemeint? Du willst wirklich wissen, mit welcher Wahrscheinlichkeit du in einem Klassenzimmer oder einem Theater voller Menschen umkommen wirst, nur weil du ein Referat hältst oder ein bisschen schauspielerst? Also gut: null.

Außer du bist richtig, richtig schlecht.

Quatsch, war ein Scherz. Es bleibt bei der Null.

Alles in allem . . .

Zahllose Menschen fürchten sich davor, im Rampenlicht zu stehen, für viele gibt es kaum etwas Schlimmeres. Dabei lässt sich diese Angst eigentlich ganz leicht bekämpfen. Man muss sich gar keinen realen Gefahren stellen. Nein, man muss sich nur ein bisschen Mühe geben. Vor allem muss man dem eigenen Gehirn klarmachen, dass es keine Kampf-oder-Flucht-Reaktion braucht, wenn man vor einer größeren Menschenmenge steht. Und wie heißt es so schön? Übung macht den Meister!

Im Klartext bedeutet das: Du besiegst deine Angst, indem du vor Publikum auftrittst und dadurch Selbstbewusstsein sammelst. Wie du das anstellst, bleibt dir überlassen. Willst du die Sache direkt angehen, kannst du dich einer Gruppe anschließen, in der öffentliches Sprechen geübt wird. Solche Gruppen gibt es in Schulen und Kirchen, aber auch anderswo. Oft trainiert man erst alleine oder mit ein, zwei Leuten, bis man genug Selbstvertrauen angehäuft hat, sich immer mehr Menschen zu stellen. Und plötzlich stehst du vor der ganzen Schulversammlung oder Kirchengemeinde! Das Tolle ist, dass du dir die Themen der Vorträge meistens frei aussuchen darfst. Endlich kannst du über die wirklich wichtigen Dinge im Leben reden: »Zehn Wege zu einer besseren Welt«, »Dinosaurier sind toll«, oder: »Warum die Nintendo Wii besser ist als Microsofts Xbox 360« . . .

Das ist die wirksamste Methode – aber wenn dir schon beim Gedanken daran schlecht wird, gibt es noch einen anderen Weg: Du kannst erst einmal *vor* anderen Leuten, aber nicht *zu* ihnen sprechen. In Schauspielgruppen oder Debattierklubs redest du vor Publikum mit ein paar wenigen Menschen, ohne die Menschen*menge* direkt anschauen zu müssen. Außerdem wirst du dich wahrscheinlich so sehr auf deinen Text oder auf deine Argumentation konzentrieren, dass du gar keine Zeit hast, an die vielen starrenden Augenpaare zu denken. Ja, mit ein bisschen Übung vergisst du sie vielleicht sogar!

Hilft alles nichts? Du kannst dir schlicht nicht vorstellen, vor anderen Menschen zu *sprechen?* Okay, dann mach eben was anderes. Dadurch kannst du auf das öffentliche Sprechen hinarbeiten oder zumindest eine Menge Selbstvertrauen sammeln. Auch hier gibt es massenhaft Möglichkeiten: Wolltest du schon immer mal Gitarre spielen? Oder singen? Vielleicht tanzen? Egal was, Hauptsache, du trittst irgendwann damit auf. Es muss ja nicht sofort sein, aber wenn es dann so weit ist, wird es dir mit Sicherheit helfen, deine Angst zu überwinden.

Gehörst du zu den zahllosen *»Bühnophobikern«* dieser Welt, habe ich eine tolle Nachricht für dich: Die Behandlung deiner Angst wird wahrscheinlich unglaublich viel Spaß machen. Und so sieht das Rezept aus . . .

Man nehme ein wenig Gitarren-, Schauspiel- oder Gesangsunterricht, man fege ein vollgepacktes Zimmer mit seinen neu entdeckten Talenten von den Stühlen und am nächsten Morgen rufe man mich an, um sich bei mir zu bedanken.

Gern geschehen!

Furchterregende Fakten

Mel Gibson, einer der berühmtesten Schauspieler der Welt, war bei seinem ersten Auftritt im Schultheater so nervös, dass er das Stück im Sitzen spielen musste. Sonst wären die Beine unter ihm weggeknickt!

6. Das Unbekannte

Angst vor der Angst

Mittlerweile wissen wir, dass wir uns aus allen möglichen Gründen vor allem möglichen Zeug fürchten können. Manche Ängste sind zu unserem eigenen Schutz von Geburt an in unser Gehirn eingebaut. Andere müssen wir erst noch lernen, entweder am eigenen Leib durch schlechte Erfahrungen oder durch Horrorgeschichten, die wir von anderen erzählt bekommen. Aber eines haben (fast) alle Ängste gemeinsam: Sie kreisen um die Ungewissheit, die Unsicherheit. Um das Unbekannte.

Stell dir vor, jemand steht direkt vor dir und bewegt seine Hand ganz langsam auf dich zu. Wahrscheinlich bleibst du völlig ruhig und guckst ihm dabei zu (während du dich fragst, was das eigentlich soll). Aber wenn er sich von hinten anschleicht und dir plötzlich die Hand vor die Augen hält, zuckst du mit Sicherheit zusammen.

Warum? Weil es so schnell gegangen ist! Zu schnell für dein Gehirn, das sich nicht rechtzeitig ausrechnen konnte, was da los ist. Im ersten Sekundenbruchteil nach Auftauchen der Hand hast du keine Ahnung, was da auf dich zukommt: Eine Hand? Ein Vogel? Ein Stein, der auf dein Gesicht zurast? Was weiß ich! Deshalb löst dein Gehirn eine instinktive Reaktion aus, einen »Zuckreflex«, der deinen Kopf rasch aus der Gefahrenzone bringt und deine Augen zumindest teilweise schließt, um sie gegen die Bedrohung abzuschotten. Erst dann überprüft es, was da genau läuft. Dieser Reflex ist quasi automatisch. Die Angst hält nur kurz an und setzt immer dann ein, wenn das Gehirn gerade ein wenig überfordert ist.

Ein anderes Beispiel: Wenn dir jemand zuschaut, wie du ihm ganz langsam eine Plastikspinne aufs Knie setzt, runzelt er höchstens die Stirn. Außer es handelt sich um einen echten Arachnophobiker – so einer würde augenblicklich aufspringen. Doch wenn du die Spinne heimlich aufs Knie schiebst, während der andere gerade nicht hinguckt, wird sogar ein richtiger Spinnenfreund das arme Plastiktierchen auf den Boden wischen. Und daran ist wieder dieser eine Sekundenbruchteil schuld, in dem sein Gehirn die Spinne schon gesehen hat, aber noch nicht weiß, ob sie echt oder unecht ist; wieder reagiert er automatisch auf das Unbekannte, das Unerwartete. Das klappt auch mit einem lauten Knall, mit plötzlich loslärmender Musik oder einem Huschen am Rand des Blickfelds. Bestimmt kennst du so was aus Horrorfilmen – im ersten Moment brabbelt dein Gehirn: »Waswardas!?!?«, und solange es keine vernünftige Antwort bekommt, lässt es dich erst einmal zusammenzucken*. Sicher ist sicher.

Aber zurück zum Thema: das Unbekannte. Alle Angstreaktionen drehen sich um etwas, das wir nicht wissen, nicht vorhersehen können. Aber anders als der Zuckreflex, der nach ein paar Sekundenbruchtei-

---

*Nur am Rande: Mit Hamstern auf den Halbglatzen von Onkeln funktioniert es auch wunderbar. Ich hab das selbst bei einem Familienfest ausprobiert. Onkel Eddie und Onkel Peter saßen auf dem Sofa und unterhielten sich. Peter sah nicht, wie ich den Hamster vorsichtig auf Eddies Kopf platzierte . . . und als Eddies »Perücke« mit einem Mal in hohem Bogen absprang und über den Teppich huschte, sprang er fast genauso hoch!

len vorbei ist, bauen sich Ängste oft über Minuten, Stunden, Tage oder Jahre auf – die Ungewissheit wächst immer weiter an, bis sie richtige Panik auslösen kann.

Zum Beispiel bei der überraschenden Spinnenattacke von vorhin: Im ersten Moment zucken alle Menschen zusammen, aber danach reagieren sie ganz unterschiedlich. Die einen wissen mehr über Spinnen, die anderen weniger, die einen finden Spinnen toll, die anderen finden sie weniger toll. Ein Arachnophobiker wird mit ziemlicher Sicherheit glauben, dass die Spinne hochgiftig ist und im nächsten Moment zum Angriff übergehen wird. Er wird sich verzweifelt nach dem Ungetüm umschauen, das er ja eben auf den Boden gewischt hat. Währenddessen wird er entweder gleich in Panik verfallen oder erst allmählich hysterischer werden, da langsam die eigentliche, stärkere Angstreaktion auf Spinnen einsetzt. Bei einem Arachnophilen sähe es völlig anders aus. Ein Arachnophiler steht nämlich auf Spinnen (jeder wie er will, sagt meine Mutter immer) und weiß daher auch viel mehr über die lieben Tierchen – zum Beispiel, dass sie nur in den seltensten Fällen gefährlich sind und auch nicht von sich aus zum Angriff übergehen. Deshalb dürfte er kaum in Panik ausbrechen.

Die meisten Menschen wären wahrscheinlich irgendwo in der Mitte. Sie sind sich nicht ganz sicher, ob das Viech gefährlich ist, aber sie sehen, dass es vorerst keine Anstalten macht, ihnen ins Gesicht zu springen. Vielleicht werden sie ein bisschen nervös, vielleicht zittern sie ein wenig, aber sie geraten nicht gleich völlig aus dem Häuschen. Und wo liegt der Unterschied zwischen den drei Typen? Ganz einfach: in ihrem Wissen über Spinnen und in ihrer Unsicherheit über das, was gleich passieren wird.

Genau darum drehen sich die Ängste auf dem letzten Abschnitt unserer Reise durchs Reich der Angst. All diese Ängste beziehen sich auf Dinge, die (fast) nur gruselig sind, weil wir kaum etwas darüber wissen – oder wissen können. Spinnen, Erdbeben, Blitze, Zahnärzte und Bakterien sind auch nicht von Pappe, aber wenigstens wissen wir (mehr oder weniger), was es damit auf sich hat. Von Geistern und Außerirdischen können wir das nicht behaupten und erst recht nicht vom großen Unbekannten selbst: dem Tod. Kaum jemand glaubt zu wissen, was uns am Ende des Lebens erwartet. Diese Ängste besitzen einen Stammplatz im Großen Lexikon* der geheimnisvollen Schreckgeschichten, das die Menschheit seit Tausenden von Jahren verwirrt und verängstigt. Das Witzige ist nur: Bis vor nicht allzu langer Zeit waren auch Erdbeben, Blitze und vieles andere in diesem Nachschlagewerk vertreten. Die Wissenschaft konnte nicht erklären, was es damit auf sich hatte, und die Leute dachten, sie würden den Zorn böser Geister, wütender Götter oder düsterer Dämonen zu spüren bekommen. Heute, wo wir herausgefunden haben, wie Erdbeben und Blitzschläge entstehen, jagen sie uns viel weniger Angst ein. Zugegeben, wir können immer noch nicht exakt vorhersagen, wo und wann sie zuschlagen. Aber wir können uns ausrechnen, woher sie kommen – und wir wissen, dass sie es nicht auf uns abgesehen haben, auch wenn sie uns manchmal erwischen.

Jetzt kommt der Witz an der ganzen Sache: Unser Gehirn sorgt dafür, dass wir uns vor unbekannten, un-

---

* Natürlich gibt es dieses »Lexikon« nicht wirklich. Wäre aber kein schlechter Titel ...

erwarteten, scheinbar unerklärlichen Dingen fürchten. Deshalb können wir unsere Angst bekämpfen,
indem wir uns über ebendiese Dinge schlaumachen.
Wir müssen sie verstehen, um unsere Furcht zu besiegen.

Aber was ist, wenn ich mich vor etwas fürchte, nur
weil ich überhaupt nichts darüber weiß? Und wenn
ich mich auch noch weigere, ein bisschen nachzufor-
schen? Dann fürchte ich mich doch eigentlich vor der
Angst selbst!

Warum versuchen wir nicht mal, ein paar Einträge
aus dem Großen Lexikon der geheimnisvollen Gruse-
leien zu streichen? Also auf zu einer Reise tiiiiieeeeef
ins . . .

   . . . Uuuuunbekannte.

AUSSERIRDISCHE
Von Aliens entführt! (Oder doch nicht?)

Die US-Amerikaner Betty und Barney Hill hatten in Kanada Urlaub gemacht. Als sie am 19. September 1961 um kurz nach zehn Uhr abends auf dem Heimweg waren, fiel ihnen ein heller Stern am Himmel auf, der aus dem Nichts aufgetaucht war – und ihnen folgte! Barney hielt ihn zunächst für ein Flugzeug oder einen Satelliten, doch als er gar nicht mehr verschwinden wollte, stoppte er den Wagen und Betty griff zum Fernglas. Was sie sahen, ähnelte einem großen, leuchtenden Pfannkuchen mit einer doppelten Reihe Fenster.

Hinter den Fenstern entdeckte Barney Wesen, die sie ihrerseits beobachteten. Sofort bekam er es mit der Angst zu tun. Sicher wollten sie ihn und Betty entführen! Also sprangen die beiden ins Auto und stiegen aufs Gas. Schnell weg hier! Doch sie wurden von einem geheimnisvollen »Piepen« verfolgt, das sie immer schläfriger machte. Als es noch einmal piepte, waren sie auf einmal wieder hellwach; noch dazu hatten sie im Schlaf einige Kilometer zurückgelegt. Aber da sie sich an nichts erinnern konnten, fuhren sie einfach nach Hause.

Kurz darauf hatte Betty zum ersten Mal Albträume, in denen sie sich im UFO wiederfand und von kleinen menschenähnlichen Wesen untersucht wurde. Barney dagegen litt unter Erschöpfung, hohem Blutdruck und Geschwüren – und dann waren da noch die merkwürdigen, ringförmig angeordneten Warzen in der Leistengegend ...

Die Angst

Ende der 60er-Jahre wurde erstmals von Menschen berichtet, die von Außerirdischen entführt wurden. Seitdem sind Millionen ähnlicher Geschichten dazugekommen. Die meisten Opfer werden unterwegs vom UFO aufgegabelt oder gleich aus dem eigenen Bett stibitzt. In der Regel wissen die »Alienentführungsopfer« hinterher kaum noch, was mit ihnen geschehen ist. Doch manchmal kehrt die Erinnerung allmählich zurück; dann erzählen sie gerne, an Bord des Raumschiffs wären sie von außerirdischen »Ärzten« abgetastet oder mit langen Nadeln traktiert worden. Viele wissen noch, wie sie mitten in der Nacht aufwachten und sich von grässlichen Kreaturen umringt sahen – von Kreaturen mit riesigen Köpfen, dürren Gliedern und grauer Haut, die sie aus ruhigen Glubschaugen mit bösen, neugierigen Blicken betrachteten. Und als sie fliehen wollten, konnten sie sich plötzlich nicht mehr rühren . . .

Was wollen diese Kreaturen von uns? Ist das die Vorhut einer ganzen Armee, die unseren Planeten übernehmen will? Oder benutzen uns Alienwissenschaftler für ihre seltsamen Experimente? Wollen sie ein absurdes Mischwesen aus Außerirdischen und Menschen erschaffen? Egal was sie im Schilde führen, eines ist klar: Wir Menschen sind weder ihrer Technologie noch ihrer Intelligenz gewachsen. Sie sind uns in allen Belangen überlegen. Ihre Raumschiffe bewegen sich heimlich durch den Orbit, unbemerkt von unserer Luftüberwachung. Sie können unsere Gedanken kontrollieren, sie können unsere Körper steuern wie Marionetten, sie können uns jederzeit aus dem eigenen Bett klauben! Widerstand ist

zwecklos. Wir haben keine Chance. Also rennt, rennt um euer
Leben! Die Körperfresser kommen!

Die Realität

Ruhig, ganz ruhig. Sie kommen doch gar nicht. Also zumindest noch nicht. Vielleicht werden sie niemals kommen. Und
wie es aussieht, waren sie auch noch nie hier.

Und was ist mit den Millionen von Entführungsgeschichten,
die im letzten halben Jahrhundert an die Öffentlichkeit ge-
langt sind? Tja, keine einzige dieser Geschichten konnte stich-
haltig bewiesen werden. Niemand hat bei seinem UFO-Aus-
flug ein Souvenir erstanden, niemand hat sich mit seinen Kid-
nappern fotografieren oder filmen lassen, niemand kann
glaubhafte Zeugen vorweisen, die seine Aussagen bestätigen
würden. Alles, was wir haben, sind die Behauptungen und
»Erinnerungen« der Betroffenen. Über die angeblichen Beweise, die bisher angeführt wurden, muss man fast schon lachen:
verwackelte Fotos von Frisbee-artigen Gegenständen und zuckenden Lichtern am Nachthimmel, merkwürdige blaue Flecken und Zeichen auf den Körpern der Opfer und so weiter. Da
fragt man sich doch: Was ist eigentlich wahrscheinlicher?
Dass pausenlos Aliens über die Erde schwirren und hier und
da Menschen entführen, während die große Mehrheit nicht
das Geringste davon mitbekommt? Oder dass uns diese Möch-
tegernopfer in die Irre führen wollen? Falls sie sich nicht
längst selbst in die Irre geführt haben . . .

Das soll aber nicht heißen, dass es keine Außerirdischen
gibt. Wir können nicht beweisen, dass es welche gibt, aber damit ist noch lange nicht bewiesen, dass es keine geben *kann*.
Ganz im Gegenteil, das Universum ist unvorstellbar groß und
Wissenschaftlern zufolge muss es haufenweise Planeten geben, auf denen Leben existieren könnte. Ja, allein in unserer
Galaxie gibt es Millionen gute Kandidaten! Da wäre es doch

mehr als erstaunlich, wenn es da draußen gar niemanden gäbe. Fragt sich nur, wie dieser »jemand« aussieht. Kann gut sein, dass dieses Leben nicht halb so weit fortgeschritten ist wie wir. Die Erde ist jetzt etwa 4,5 Milliarden Jahre alt und die meiste Zeit war sie nur von simplen Einzellern besiedelt, zum Beispiel von Bakterien. Erst in den letzten Hunderten Millionen Jahren hat sich komplexes Leben entwickelt. Sollten wir tatsächlich irgendwo Leben finden, dürfen wir daher nicht allzu enttäuscht sein, wenn es sich nicht auf derselben Evolutionsstufe befindet wie wir. Anders gesagt: *Leben* ist vielleicht gar nicht so selten, aber *komplexe Lebensformen* wie wir Menschen könnten extrem selten sein – wenn nicht sogar einzigartig im Universum.

Aber vielleicht sind wir doch nicht einzigartig. Vielleicht gibt es auf einem anderen Planeten komplexes Leben. Aber muss es deshalb gleich eine Zivilisation entwickelt haben? Muss es sich deshalb für Technik und Raumschiffe interessieren? Damit haben wir Menschen schließlich erst in den letzten paar Tausend Jahren angefangen! Mit der bemannten Raumfahrt ging es sogar erst vor etwa 50 Jahren los und die wenigen Menschen, die es bisher ins Weltall geschafft haben, sind praktisch in Sichtweite zur Erde geblieben. Außerdem wissen wir bereits, wie es in unserem eigenen Sonnensystem aussieht: Keine Alien-Völker, tut mir leid. Die nächsten Sonnensysteme, die theoretisch Leben beherbergen könnten, sind dann schon Milliarden oder Billionen Kilometer entfernt, und das ist doch eine ganze Ecke. Mag sein, dass »sie« irgendwo »da draußen« sind, aber dass sie es schaffen, mal eben auf einen Sprung vorbeizuschauen, ist doch reichlich unwahrscheinlich. Und sollten sie tatsächlich den weiten Weg auf sich nehmen, warum sollten sie dann wahllos amerikanische Farmer entführen? Also ich würde mir nach so einer langen Reise etwas Sinnvolleres überlegen . . .

Ich will aber nicht behaupten, dass alle Entführungsopfer absichtlich Quatsch erzählen und alle UFO-Sichtungen sorgfältig manipuliert wurden. Die meisten (wenn nicht sogar alle) Geschichten lassen sich durch körperliche Zustände wie *Temporallappenepilepsie* oder *Schlafstarre* erklären. Diese Erscheinungen lösen ein Gefühl der Lähmung aus, man fühlt sich gefangen im eigenen Körper. Manchmal *halluziniert* man auch, man sieht Dinge, die gar nicht da sind, als würde man träumen – zum Beispiel kleine grüne oder graue Männchen mit Glubschaugen. Außerdem können diese Zustände verhindern, dass Erinnerungen gebildet werden. Deshalb hat man schon mal das Gefühl, Minuten oder Stunden des eigenen Lebens »verloren« zu haben, obwohl man sich nur nicht daran erinnern kann!

Auch wer nicht unter *Temporallappenepilepsie* leidet, lügt uns nicht unbedingt absichtlich die Hucke voll. Kurz vor dem Einschlafen und kurz nach dem Aufwachen erleben auch völlig »normale« Menschen Halluzinationen, die sogenannten *hypnagogen Halluzinationen*. Beim Wegdämmern und Munterwerden kommt das Gehirn leicht durcheinander und denkt sich Sachen aus, die gar nicht da sind. Übrigens nutzen Hypnotiseure genau diese Phase aus: Sie zerren arglose Leute auf die Bühne, versetzen sie in den Halbschlaf und überreden sie zu albernen Kunststückchen. Viele Entführungsopfer, darunter auch unsere alten Freunde Betty und Barney Hill, können sich selbst unter Hypnose an ihre unheimlichen Begegnungen der dritten Art »erinnern«. Da fragt man sich doch, welche Erinnerungen echt und welche eingebildet sind . . .

Klar, manche Alienopfer schwindeln mit voller Absicht und lachen sich dabei heimlich ins Fäustchen. Aber viele andere, vielleicht die meisten, glauben tatsächlich an ihre fantastischen Erzählungen. Sie haben eben keine Ahnung, dass sich ihre »Erinnerungen« auch ganz anders erklären lassen.

Trotzdem muss niemand – weder sie noch wir noch irgendwer sonst – in nächster Zeit mit einer Attacke aus dem All rechnen. Noch mal Glück gehabt, was?

Die Wahrscheinlichkeit

Allein in den USA wird jedes Jahr von Tausenden Alien-Entführungen berichtet. Würde man weltweit jeder Geschichte Glauben schenken, müsste man davon ausgehen, dass jährlich etwa zwei Prozent der Weltbevölkerung von Außerirdischen »geholt« werden. Also über 100 Millionen Menschen! Um es mit dem großen (leider verstorbenen) Astronom Carl Sagan zu sagen: »Der ganze UFO-Verkehr wäre doch irgendwem aufge fallen.«

Im Ernst: Bisher konnte keine, also wirklich keine einzige Entführungsgeschichte bewiesen werden. Soweit wir wissen, liegt die Wahrscheinlichkeit, von kleinen grünen Männchen gekidnappt, gequält oder gekillt zu werden, bei exakt . . . null! Juhuu!

Alles in allem . . .

Nach dem aktuellen Stand der Wissenschaft könnte es gut sein, dass es irgendwo da draußen Außerirdische gibt, aber bei uns sind sie noch nicht vorbeigekommen. Und ich würde auch nicht damit rechnen, dass morgen das Mutterschiff einer technisch überlegenen Alien-Zivilisation am Himmel hängt und den Planeten Erde für sich beansprucht. Da gibt es genug andere Sachen, über die man sich den Kopf zerbrechen könnte.

Aber wie kommt es dann zu den unzähligen Entführungsgeschichten? Wahrscheinlich durch ein ungesundes Gemisch aus simplen Irrtümern, echten Halluzinationen, körperlichen Zuständen, reißerischen Büchern, Filmen und Presseberichten – und vor allem der guten alten Angst vor dem Unbekannten.

Zudem sind Entführungsgeschichten beileibe nichts Neues. Solche Märchen wurden schon immer erzählt, lange bevor die ersten Außerirdischen gesichtet wurden. Damals wurde man eben noch von Dämonen oder Monstern angegriffen und »geholt«. Interessanterweise haben diese alten Legenden viele Gemeinsamkeiten mit unseren heutigen Alienstorys: Die Opfer (Kinder oder Erwachsene) wurden mitten in der Nacht im eigenen Bett »attackiert«, manchmal wurden sie hoch in den Himmel entführt, manchmal waren sie urplötzlich erstarrt, gelähmt, konnten sich nicht wehren ... Tja, heute sind Dämonen out und Außerirdische in, sie passen einfach besser in unsere moderne Zeit. Dabei sollen sie im Grunde dieselben Gefühle erklären: die Angst, wenn man ein geheimnisvolles Leuchten am Himmel sieht, die Machtlosigkeit, wenn man halb aus einem Traum erwacht und glaubt, sich nicht bewegen zu können.

Die Außerirdischen, die seit den 60er-Jahren in Büchern, Filmen und Zeitungen unterwegs sind, ähneln sich meistens sehr: Überall werden kleine graue, dürre Wesen mit riesigen Köpfen und Glubschaugen beobachtet, die sich auch noch ziemlich ähnlich verhalten. Ist das nicht verdächtig? Nein, überhaupt nicht, denn es lässt sich ganz leicht erklären: Genau diese kleinen grauen Glubschwesen haben sich seit den ersten Aliengeschichten von damals als eine Art Hightech-Monster-Mythen über die ganze Welt verbreitet. Jeder, der schon mal einen Film gesehen oder ein Buch gelesen hat, in dem die großäugigen Aliens die Hauptrolle spielen, kann das moderne Märchen weitererzählen. Und warum erzählen wir es weiter? Um unserer Angst vor dem Unbekannten eine Form zu geben, um dem rätselhaften Fremden einen greifbaren Namen zu verpassen.

Wie gesagt: Nur die Ruhe – die Körperräuber kommen *nicht*. Zumindest noch nicht ...

Furchterregende Fakten
Außerirdische Hollywood-Stars

E. T. (aus E. T. – Der Außerirdische)

Ein kleines braunes, verschrumpeltes Etwas. Spezialfähigkeiten: leuchtender Finger, ausfahrbarer Hals, Heilkräfte. Eigentlich eine Art Staubsauger mit Augen, was zu Verwechslungen führen könnte, falls seine Verwandten mal auf der Erde vorbeischauen.

Chewbacca (aus Star Wars)

Angehöriger des Wookiee-Volks. Groß und sehr, sehr haarig. Hängt am liebsten mit Han Solo auf dessen Raumschiff herum. Versteht unsere Sprache, aber antwortet in einer Mischung aus Knurren und Gurgeln, das Han Solo problemlos zu verstehen scheint. (Vielleicht hat er einen Wookiee-Sprachkurs besucht?) Ähnelt einem großen Menschen in einem sehr, sehr haarigen Ganzkörperanzug. Im Falle einer Wookiee-Invasion ist mit akutem Shampoo-Mangel zu rechnen.

Aliens und Predators (aus Alien, Aliens, Alien 3, Predator, Predator 2, Alien vs. Predator usw.)

Ersteres: ein abscheuliches Parasitenmonstrum. Verschlingt menschliche Gehirne und brütet seine Jungen in Menschenkörpern aus. Letzteres: ein Killer mit Rastalocken und einem Gesicht, das stark an einen Krabbenpanzer erinnert. Trägt einen Tarnanzug und macht spaßeshalber Jagd auf Menschen. Hoffentlich finden uns diese Typen nie!

Die Marsianer (aus Krieg der Welten)

Kleine grüne Männchen mit großen Köpfen. Etwas wabbelig, aber uns in Sachen Intelligenz und Technologie haushoch überlegen. Laufen gerne in riesigen dreibeinigen Kriegsmaschinen herum und schießen dabei mit Hitzestrahlen auf wehrlose Menschen. Heben sich aber immer ein paar Erdenbewohner auf, um ihr Blut zu ernten (!). Und sterben dann beim Kontakt mit gewöhnlichen irdischen Bakterien. Also mal wieder ein Hoch auf die guten alten Bakterien!

Spock (aus Raumschiff Enterprise)

Ein ungemein cleverer Kerl, halb Mensch, halb Vulkanier (auf väterlicher Seite). Merkmale: spitze Ohren, hochgezogene Augenbrauen. Verfügt über übermenschliche Kräfte, kann Gedanken lesen und Gegner durch bloßes Zwicken in den Nacken außer Gefecht setzen. Wäre ein Superkumpel in der Schule – könnte sowohl Matheaufgaben lösen als auch fiese Schlägertypen in die Flucht schlagen. Insgesamt: toller Typ.

GEISTER UND GESPENSTER
Spuk im Tower

Der Tower of London gehört zu den beliebtesten Sehenswürdigkeiten Europas. Wilhelm I. ließ ihn vor fast 1.000 Jahren zur Feier seiner Eroberung Englands im Jahr 1066 erbauen. Seitdem wurde die Anlage mehrmals erweitert und befestigt, verschiedenste Monarchen haben sie als Rückzugsort, Palast oder Gefängnis genutzt. Doch der Tower war auch ein Ort des Todes. In seinen Mauern fanden Hunderte von Hinrichtungen statt, die letzte erst 1941. Klar, dass der Tower auch unter Geistern besonders beliebt ist – nirgendwo wurden mehr Gespenster gesichtet als hier.

1483 wurden zwei junge Prinzen im Tower ermordet. Angeblich spukten sie bis 1674 durch die Gänge, als endlich ihre Skelette entdeckt und in der Westminster Abbey beigesetzt wurden. Anne Boleyn, eine der weniger glückseligen Gemahlinnen König Heinrichs VIII., wurde im Hof des Towers geköpft. Dasselbe Schicksal ereilte den Königsattentäter Guy Fawkes und so wandeln die beiden seither durch das Gemäuer. Unschuldigen Schulklassen, die den Tower besuchen, winkt eine geheimnisvolle »Weiße Lady« zu und Wachmänner berichten von einer »unheimlichen Erscheinung«, die sich auf ihren nächtlichen Einzelpatrouillengängen anschleicht – ein Gespenst, das eine erdrückende Enge in der Brust auslöst und versucht, sie mit der eigenen Kleidung zu erdrosseln. Ein Wachmann ist bereits vor Schreck gestorben, als ihm das geheimnisvolle Etwas über den Weg lief oder schwebte ...

Die Angst

Mensch, wie gespenstisch! Ja, wenn man sich so richtig schön gruseln will, gibt es nichts Besseres als eine gute alte Geistergeschichte. Und das Tolle ist, dass einem die Geschichten nie ausgehen werden! Da ist für jeden Geschmack gesorgt: Wie wäre es mit einem Spukhaus? So mit Klopfgeräuschen in der

Wand, knarrenden Türen und Möbeln, die von unsichtbarer Hand hin und her gerückt werden? Oder doch eher eine Séance? Eine Sitzung, bei der die Geister der Toten von einem menschlichen Medium Besitz ergreifen, am Tisch rütteln und die Lichter flackern lassen? Hmm? Klingt doch gut? Ansonsten hätte ich da noch ein Ouija-Brett anzubieten – falls du schon immer mal zum Spielball dunkler Mächte werden oder ein paar böse Geister ausfragen wolltest, die dir dann doch nur von deinem eigenen Tod erzählen . . . Na, neugierig geworden? Komm schon, das ist total ungefährlich!

Aber am schlimmsten sind Geschichten über *echte* Geistererscheinungen: grässliche Gestalten mit toten, leeren Augen und grapschenden Händen. Verlorene Seelen, die ihren ungerechten, vorzeitigen Tod rächen wollen. Durchsichtig schimmernde Phantome, die durch ihr altes Heim schreiten. Garstige Gespenster, die schluchzen, schreien und kreischen, um uns arme Lebende zu Tode zu erschrecken, auf dass wir uns zu ihnen gesellen und bis in alle Ewigkeit als immerwährende Plage der Menschheit durch die Zwischenwelt streifen.

Die Realität

. . . uuuuuuuhuuuuuu!!! Wuuhuu – huu – hu –
(Räusper) Ähh . . . Lassen wir das.

Ist schon komisch. Einerseits gruseln wir uns liebend gerne bei Geistergeschichten, aber wirklich daran glauben? Nee, oder? Zumindest würde es kaum einer zugeben.

Doch woher kommen diese ganzen Legenden? Davon gibt es ja wirklich jede Menge! Wie soll man das erklären? Das kann man doch nicht so einfach ignorieren!

Hast du schon mal mit einem Geist zu tun gehabt? Also persönlich? Ich schätze nicht, aber wahrscheinlich kennst du genug Leute, die schon einige übernatürliche Erfahrungen auf dem Buckel haben. Vielleicht haben sie ein Poltern auf dem Dachboden gehört. Vielleicht haben sie gesehen, wie *jemand* oder *etwas* durchs Schlafzimmer geschwebt ist. Andere haben ein Medium besucht, das in Trance mit Toten spricht, oder mit einem Ouija-Brett rumgespielt – und sind jetzt felsenfest überzeugt, sich tatsächlich mit verstorbenen Menschen unterhalten zu haben. Nicht zu vergessen die unzähligen Bücher und Filme über Geisterbegegnungen und Spukattacken, die natürlich alle »auf einer wahren Begebenheit« beruhen. Oder du hast schon mal eine Fernsehsendung über echte »Geisterjäger« gesehen, die durch verfluchte Stätten streifen und eigentümliche Vorkommnisse mit Nachtsichtkameras und anderen übersinnlichen Messgeräten festhalten?

Alles zusammen scheint eine sehr deutliche Sprache zu sprechen: Geister und Gespenster gibt es wirklich und wir fürchten uns völlig zu Recht vor ihrem geheimnisvollen Treiben. Die *Phasmophobie* ist kein Hirngespinst, sondern beruht auf zahllosen Beweisen.

Nur was taugen diese Beweise? Die Antwort kennst du bereits von den Außerirdischen: kaum etwas. Oder gar nichts. Seit über einem Jahrhundert werden *parapsychologische* Forschungen betrieben – mit Methoden, die zumindest an eine Wissenschaft erinnern sollen, werden erstaunliche psychische Fähigkeiten und Einblicke ins Leben nach dem Tod untersucht. Doch dabei wurde noch kein einziger *echter* Beweis für die Existenz von Geistern gefunden! Kein einziger! Natürlich ist damit noch lange nicht bewiesen, dass es keine Gespenster gibt, doch die meisten gruseligen Erscheinungen und Ereignisse lassen sich auch viel logischer erklären. Also warum sollten wir uns ausgerechnet vor Geistern fürchten?

Nehmen wir als Beispiel diese ach so allwissenden »Medien«, die angeblich mit Bewohnern des Totenreichs plaudern können. Inzwischen wurde mehr als einmal wissenschaftlich bewiesen, dass diese Orakel entweder unverschämte Lügner oder . . . okay, das klingt jetzt hart . . . hoffnungslose Versager sind. Dabei legen sie auf den ersten Blick wirklich erstaunliche Fähigkeiten an den Tag: Bei Sitzungen mit Verwandten von Verstorbenen erzählen sie haufenweise Details aus dem Leben der Toten, die sie direkt aus dem Jenseits »empfangen« haben wollen. Und das scheint tatsächlich zu klappen! Erst auf den zweiten Blick fällt auf, dass sie in Wirklichkeit clevere Trickfragen stellen und ihre »Botschaften« ganz einfach erraten. Hier ein Beispiel – ein Mann will mit seiner verstorbenen Mutter reden:

»Ich sehe ein rotes Fahrrad«, sagt das Medium, »außerdem den Buchstaben ›C‹ und eine junge Frau . . .«

»Hmm«, antwortet der Kunde, »die Schwester meiner Mutter hieß Katharina, aber ob sie ein Fahrrad hatte? Ich glaube nicht.«

»Jaja! Katharina! Ich spüre sie, sie ist bei uns! Und doch, sie hatte ein Fahrrad, als junges Mädchen – aber daran erinnern Sie sich natürlich nicht. Nun sehe ich auch einen schwarzen Hund . . . oder vielleicht auch eine Katze.«

»Das ist ja unglaublich! Tantchen Katharina hatte tatsächlich eine Katze, eine große schwarze Katze. Und jetzt wo Sie es sagen . . . Ich glaube, meine Mutter hat mal erzählt, wie sie als Kind mit ihrer Schwester Fahrrad gefahren ist!«

Erstaunlich, wie zufrieden der Kunde ist, was? Dabei lag das Medium gleich zu Beginn völlig daneben: Zum ›C‹ ist dem trauernden Sohn überhaupt nichts eingefallen! Aber was soll's, ist ja schließlich so ähnlich wie ›K‹. Obwohl man sich natürlich denken kann, dass die Mutter irgendwen kannte, dessen Name mit ›K‹ oder ›C‹ begann . . . Genauso fahren die meisten Leute zumindest in ihrer Kindheit Rad und Haustiere wie Katzen und Hunde sind auch nicht gerade selten. Mit dem Fahrrad und dem vagen »Hund . . . oder vielleicht auch eine Katze« hat sich das Medium also nicht sehr weit aus dem Fenster gelehnt. Es hat einfach geraten und das nicht mal besonders gut. Strenge wissenschaftliche Tests haben erwiesen, dass Medien kein bisschen besser raten als normale Leute; ihre Trefferquote liegt bei höchstens 50 Prozent. Also alles nur Lug und Trug? Ja, wahrscheinlich. Gut, es *könnte* natürlich sein, dass sie mit dem Jenseits telefonieren, aber dann wäre die Verbindung schon sehr miserabel.

Auch Séancen, ähnliche Sitzungen, bei denen mehrere Menschen mit dem Totenreich plaudern wollen, haben in ernsthaften Experimenten nie richtig funktioniert. Die »Erscheinungen«, die dabei angeblich von Geistern verursacht werden, sind allesamt vorgetäuscht. Plötzlich wackelt der Tisch – kein Wunder, wenn der Gastgeber mit dem Fuß daran ruckelt! Manche legen sich sogar spezielle Gurte an, damit sie ohne Hände für Geistererscheinungen sorgen können, und die Lichter lassen sie mit eigens installierten Schaltern flackern. Oh, wie unheimlich . . .

Ouija-Bretter funktionieren ganz ähnlich. Ouija-Bretter

sind, nun ja, Bretter, auf denen die Buchstaben des Alphabets eingezeichnet sind. Um mit dem Jenseits zu reden, stellt man ein umgedrehtes Glas darauf, das alle Teilnehmer der Sitzung berühren müssen ... und dann werden Fragen gestellt, die der Geist/Tote/Untote beantworten soll, indem er das Glas zu den entsprechenden Buchstaben rückt. Aber warum heißt das Ding so komisch? Weil neben den 26 Buchstaben ein »Ja« und ein »Nein« eingezeichnet sind und »Ouija« aus dem französischen »Oui« (»Ja«) und dem deutschen »Ja« zusammengesetzt ist. Einfache Fragen kann der Geist daher gleich mit Ja oder Nein beantworten, zum Beispiel die beliebte Frage »Ist da jemaaaaand?«. (Besonders geistreiche Geister antworten darauf mit einem schlichten »Nein«.) Okay, das Glas zockelt also in eine bestimmte Richtung. Unglaublich, was? Da hat doch ein Poltergeist die Finger im Spiel! Nö. Da drückt einfach irgendwer ans Glas. Vielleicht absichtlich, vielleicht unabsichtlich. Manchmal spielt uns nämlich der sogenannte *Carpenter-Effekt* einen Streich, aber dazu später mehr.

Und was ist mit »richtigen« Geistererscheinungen? Mit schimmernden Gestalten im Schlafzimmer und Gespenstern in alten Gemäuern? Wenn überhaupt mal ernsthaft nachgeforscht wurde, konnte nie schlüssig bewiesen werden, dass tatsächlich Geister am Werke waren. Okay, an manchen Orten berichten die Leute immer wieder von seltsamen Visionen, Geräuschen oder Gefühlen, doch diese »Erscheinungen« konnten nie mit Video- oder Tonaufnahmen belegt werden. Kann also gut sein, dass es eher im Kopf spukte als im Spukhaus.

Nicht zu vergessen die körperlichen Zustände, die wir bereits von den Außerirdischen her kennen, zum Beispiel die *Temporallappenepilepsie*. Halluzinationen bleiben Halluzinationen, egal ob man sich Aliens oder Geister einbildet. Ist wohl Geschmackssache.

Zudem haben Forschungen ergeben, dass auch starke elektromagnetische Felder Halluzinationen auslösen können. Selbst bei Menschen, die nicht zur *Temporallappenepilepsie* neigen, pfuschen Magnetfelder im Gehirn herum. In Experimenten wurden bestimmte Teile des Gehirns mit elektrischen Wellen bestrahlt – so konnte man der Testperson vorspiegeln, jemand stünde direkt neben ihr oder würde sie sogar berühren. In vielen baufälligen »Spukhäusern« spukt daher wahrscheinlich nur die fehlerhafte Verkabelung, die manche Gänge und Zimmer mit elektromagnetischen Feldern überflutet. Gerätst du in ein solches Feld, manipuliert die Strahlung deine Wahrnehmung und du »siehst« oder »spürst« einen Geist.

Ja, es gibt sogar eine bestimmte Tonlage, die die Augäpfel vibrieren und verwaschene, schwebende Formen am Rand des Blickfelds erscheinen lassen kann. Die Frequenz dieses *Infraschalls* ist so niedrig, dass wir ihn nicht bewusst wahrnehmen. Wir würden also überhaupt nicht mitbekommen, wie wir an der Nase herumgeführt werden (oder eher am Ohr)! *Infraschall* kann durch alles Mögliche erzeugt werden, unter anderem durch große Windräder zur Stromgewinnung. Vielleicht werden immer mehr Geister durch die Lande spuken, wenn immer mehr Windräder aufgestellt werden. Ach ja, Wale und Elefanten reden sogar über *Infraschall* miteinander! Ich weiß allerdings nicht, ob ihre Augäpfel »vibrationssicher« sind oder ob sie sich bei jedem Gespräch gegenseitig Geister auf den Hals hetzen. Wenn, dann wahrscheinlich Geister mit imposanten Rüsseln oder Flossen.

Auf jeden Fall haben wir damit eine Menge Erklärungen für unsere »unerklärlichen« Phänomene gesammelt. Erklärungen, die 1.000-mal wahrscheinlicher sind als die Märchen von den bösen Geistern, die sich am Reich der Lebenden festklammern. Tut mir leid, aber da müssen uns die Damen und Herren Gespenster schon ein paar überzeugendere Beweise liefern . . .

Die Wahrscheinlichkeit

Nach allem, was wir wissen, können wir mit absoluter Sicherheit ausschließen, dass irgendwer demnächst von bösen Geistern gepackt und ins Totenreich geschleift wird. Andererseits könnte man sich (oder jemand anderen) durchaus zu Tode *erschrecken,* besonders wenn man (oder der andere) zu Herzproblemen neigt. Aber da wäre dann wirklich kein Gespenst, Geist oder Ähnliches schuld. Auch nicht, wenn du dir ein Bettlaken überwirfst und laut »Huuu!« machst.

Alles in allem . . .

Geister gibt's nicht. Punkt. Daher gefährden sie weder mich noch dich noch irgendwen sonst. Dass trotzdem immer neue Geistergeschichten auftauchen, ist schnell erklärt: Wenn jemand etwas sieht, hört oder fühlt, das er sich im ersten Moment nicht erklären kann, speichert er es gerne unter »übernatürliche Erscheinung« ab, um es zumindest irgendwie einzuordnen. Andere Geister werden (zum Beispiel bei Séancen) durch Tricks heraufbeschworen, wieder andere durch körperliche Zustände wie *Temporallappenepilepsie* hervorgerufen. Und eher selten, aber nicht nie, veralbern elektromagnetische Felder und *Infraschall* unsere Augen, Ohren und unser Gehirn. Insgesamt kann man Geister getrost als Halluzinationen und Einbildungen abtun.

Klar, wenn man urplötzlich von einem merkwürdigen Geräusch oder einer eigentümlichen Erscheinung überrascht wird, gerät man erst mal in Panik. Aber man kann die Panik besiegen. Man muss sich nur ein paar Gedanken machen, denn für (fast) alles gibt es eine logische Erklärung. Ja, auch für das hohle Klopfen in der Wand, den kalten Luftzug im Keller oder das verschwommene Gesicht, das du ganz sicher hinter dem Fenster der benachbarten Ruine gesehen hast. Man kann sich der Angst vor dem Unbekannten hingeben – man kann aber auch ein bisschen nachdenken und nachforschen, um die Wahrheit ans Licht zu bringen: ein sich wegen Wärme ausdehnendes Rohr in der Wand, ein offenes Fenster im Keller oder eine Spiegelung im Fenster. Fast schon schade, dass die Wahrheit meist gar nicht gruselig ist, was?

Poltergeist im Eigenbau

Poltergeister sind freche Kerle: Sie klopfen in der Wand und räumen Gegenstände hin und her. Außerdem verschieben sie das Glas auf dem Ouija-Brett, das Glas, das alle Mitspieler berühren, aber nicht bewegen sollen. Und dann bewegt es sich doch, eben wie von Geisterhand ...

Das ist natürlich Quatsch. Es bewegt sich, weil die Mitspieler dagegendrücken. Also schummeln die alle oder was? Nicht unbedingt. Es reicht schon, wenn ein Teilnehmer einen bestimmten Buchstaben auf dem Brett anstarrt. Irgendwann fängt er an, das Glas unbewusst in die entsprechende Richtung zu schieben. Und die anderen, die auf seine Bewegung reagieren, machen genauso unbewusst mit, bis sie das übersinnliche Messinstrument im richtigen Moment abstoppen.

Schuld daran ist der bereits erwähnte Carpenter-Effekt: Wenn man ganz entspannt an eine Bewegung denkt, wird die Bewegung automatisch in die Tat umgesetzt. Der Körper reagiert auf den Gedanken, ohne dass man bewusst dazu beitragen würde.

Das kannst du sogar selbst ausprobieren. Du brauchst nur ein Pendel, zum Beispiel eine Halskette mit einem schweren Anhänger. Zur Not bindest du einfach eine fette Kastanie an einen Faden. Hauptsache, das Ding kann frei hin und her schwingen.

Jetzt wickelst du dir die Kette oder den Faden um das unterste Glied des Mittelfingers und hebst den Ellbogen auf Schulterhöhe. Das Pendel sollte knapp über dem Tisch schweben, aber nicht aufsetzen. Und jetzt heißt es: still halten. Gaaaaanz still. Gleichzeitig starrst du das Pendel an und stellst dir vor, wie es von rechts nach links schwingt. Still halten, gucken und dran denken. Ziehst du das lange genug durch, wird sich das Pendel von allein in Bewegung setzen! Okay, jetzt stell dir vor, es hört wieder auf zu schwingen – auch das funktioniert! Genauso gut kannst du es vor und zurück oder im Kreis schwingen lassen, im Uhrzeigersinn oder gegen den Uhrzeigersinn. Alles kein Problem für den Poltergeist.

Nix da Poltergeist! Das bist du selbst! Aber du hältst doch absolut still? Sicher, aber dein Gehirn gibt die vorgestellte Bewegung eigenmächtig an die Muskeln weiter und die reagieren mit winzigen Zuckungen – und siehe da, das Pendel bewegt sich! Das heißt, du bewegst das Pendel, auch wenn es sich ganz anders anfühlt.

Und, klappt's? Hervorragend. Dann jag doch mal deinen Freunden einen kleinen Schrecken ein . . .

TOD UND STERBEN
Die Untoten kommen . . .

In der Regel bleiben Tote tot – doch manchmal kehren sie aus dem Totenreich zurück, und zwar nicht nur in Zombie-Geschichten. Sondern auch, wenn ein Toter gar nicht richtig tot war.

Im Jahr 1977 raste ein Leichenwagen in ein Bestattungsinstitut. Der Sarg schoss hinten heraus und krachte durch eine Glasscheibe – und ein paar Minuten später stolperte die Leiche aus den Trümmern auf die Straße! Der Aufprall hatte sie aus dem Koma geweckt.

Eine 86-jährige Amerikanerin lag 1994 über eine Stunde lang in einem Leichensack herum. Erst dann fiel den Mitarbeitern des Leichenschauhauses auf, dass der Leichensack atmete . . . Und zwei Jahre später, als sich zwei Angestellte eines Leichenschauhauses im kubanischen Havanna ihre Nachtschicht mit einer Partie Schach vertrieben, richtete sich plötzlich die nächste Leiche auf und zog den Läufer drei Felder vor. Die beiden falschen Leichen waren nach einem Herzinfarkt voreilig für tot erklärt worden!

Die Angst

Er ist der größte Unbekannte, den man sich vorstellen kann: der Tod. Jeder muss irgendwann sterben und niemand kehrt zurück, um uns Lebenden zu sagen, wie es sich anfühlt. Wir werden es niemals wissen. Niemals. Daher sind unserer Vorstellungskraft keine Grenzen gesetzt – und sie hat ein paar wirklich beängstigende Storys auf Lager.

Solltest du dich von sterbenden Menschen fernhalten, weil sie dich mit dem Tod »anstecken« könnten wie mit einer Krankheit? Oder kommt er dich so oder so »holen« wie ein Geist? Und wenn es dann so weit ist, wirst du dich instinktiv wehren? Wirst du dich an deinem Körper festklammern, während irgendwer oder irgendwas unerbittlich an dir zerrt? Tut das weh? Und was, wenn dich der Arzt fälschlicherweise für tot erklärt und du bei lebendigem Leibe begraben oder eingeäschert wirst? Ja, wie ist es eigentlich, in einem feuchten, kalten Grab zu liegen? Musst du frieren und hungern, bis du vor Einsamkeit vergehst? Und wann wird es so weit sein? In 100 Jahren? In 50 Jahren? Oder viel früher?

Die Realität

Die meisten Leute fürchten sich vor dem Sterben. Sie wissen einfach nicht, was auf sie zukommt – die alte Angst vor dem Unbekannten. Der Tod wirft 1.000 Fragen auf, die wir nicht beantworten können, und offene Fragen sind immer beängstigend.

Ich will dir nichts vormachen: Wahrscheinlich werden wir nie wissen, wie sich der Tod anfühlt. Zumindest nicht solange wir leben. Doch immerhin wissen wir mittlerweile ziemlich genau, was mit unserem *Körper* geschieht, wenn wir sterben. Dadurch können wir wenigstens ein paar Fragen beantworten und Antworten auf Fragen sind immer beruhigend.

Erst mal ist der Tod keine Krankheit und auch kein Geist, der dich »holen« kommt. Das Sterben ist ein ganz natürlicher körperlicher Vorgang. Wir sterben genau wie Blumen, Bäume,

Insekten und Tiere sterben, wie alles, was lebt. Unser Körper bewegt sich nicht mehr, wir essen und trinken nicht mehr, unsere Haare wachsen nicht mehr, wir können uns nicht mehr mitteilen. Schließlich wird der Körper in die Erde, in die Luft und ins Wasser aufgenommen, wo er in seine Bestandteile zerlegt und wiederverwertet wird. Bei Feuerbestattungen düngt unsere Asche die Erde und lässt neues Leben wachsen. Werden wir begraben, wird unser Körper von Insekten, Würmern und Bakterien (wem sonst?) in Nährstoffe umgewandelt, die noch Jahrtausende später Pflanzen und Tiere ernähren. Der Tod ist ein natürlicher Teil des Kreislaufs, der alles Leben auf der Erde wachsen und gedeihen lässt.

Aber was, wenn man zu früh begraben wird? Obwohl man noch gar nicht tot ist? Das passiert doch immer wieder, oder? Nein, nicht wirklich. Früher schon, aber heutzutage ist es quasi unmöglich. Als die Medizin noch in den Kinderschuhen steckte, haben Ärzte oder Heiler nur geguckt, ob der Patient noch atmete und ob sein Herz noch schlug. Wenn nicht, galt er als »tot«. Heute wissen wir, dass ein Mensch auch ohne Atmung, sogar ohne Herzschlag noch mehrere Minuten überleben kann, manchmal (aber ziemlich selten) auch länger. Deshalb überprüfen moderne Ärzte mit einem *Elektroenzephalogramm* (EEG), ob sich im Gehirn noch was regt. Misst diese Maschine noch elektrische Signale, tut der Arzt alles, um den Patienten wiederzubeleben. Er hört erst auf, wenn das Gehirn kein Lebenszeichen mehr von sich gibt oder wenn Atmung und Herzschlag auch nach längerer Zeit nicht mehr anspringen wollen. Erst dann gilt man heutzutage als tot.

Inzwischen wissen wir auch, dass Totsein nicht wehtut, ja gar nicht wehtun *kann*. Wenn du im Grab liegst, wirst du weder frieren noch hungern. Nur der lebendige Körper kann Schmerz, Hunger und Kälte empfinden, nur lebendige Nerven können diese Gefühle übertragen. Der Körper braucht solche

Empfindungen, um uns am Leben zu erhalten. Ist er tot, spürst du nichts mehr.

Im Fernsehen und in Büchern kämpfen sterbende Menschen oft verzweifelt um ihre letzten Atemzüge. Sie klammern sich ans Leben, sie wollen einfach nicht loslassen. In der Wirklichkeit sieht das Ganze in der Regel nicht halb so dramatisch aus. Jeden Tag sterben Tausende von Menschen und nur die wenigsten ringen bis zuletzt mit dem Tod. Die meisten verabschieden sich friedlich aus dem Leben, oft im Schlaf oder bewusstlos. Die Zeit davor, wenn viele Leute sehr krank sind, ist meist deutlich schwieriger. Doch Ärzte, Krankenschwestern und Pfleger geben ihr Bestes, damit sie auch in ihren letzten Tagen nicht leiden müssen und in Ruhe sterben können.

Natürlich kann niemand vorhersagen, wann es so weit sein wird. Aber wenn du jung und gesund bist, wird es mit ziemlicher Sicherheit noch eine Weile dauern.

Die Wahrscheinlichkeit

Jeder wird irgendwann an irgendetwas sterben, aber die meisten trifft es erst, wenn sie sehr alt sind und auf ein langes, erfülltes Leben zurückblicken können. Langsam, aber sicher altert der Körper, Organe und andere wichtige Systeme werden schwächer, bis sie allmählich ganz versagen. Am häufigsten entscheidet das Herz oder der Blutkreislauf, also die Gefäße und »Schläuche«, die das Blut durch den Körper pumpen, wann Schluss ist.

In wohlhabenderen Ländern sterben durchschnittlich 57 von 100 Menschen *eines friedlichen Todes,* sprich im hohen Alter und zumeist im Schlaf. Bei weiteren 20 Prozent liegt es am Herzen: Es will nicht mehr schlagen, Blutgefäße werden brüchig oder verstopfen. Der Krebs, der im Schnitt 14 Prozent erwischt, lässt Zellen in Organen und im Gewebe rasend schnell wachsen, zu schnell für den überforderten Körper. Bei vier bis fünf Prozent gibt es einen Stau in einem Blutgefäß, sodass Teile des Gehirns zu wenig Sauerstoff bekommen und beschädigt werden. Dann spricht man von einem Schlaganfall.

Aber mit so etwas müssen vor allem ältere Menschen rechnen. Nur vier von 100 Leuten sterben völlig unerwartet und viel zu früh – also nicht an Altersschwäche, sondern bei Autounfällen oder Bränden, durch Schießereien oder Blitzschläge, ertrinken oder stürzen tödlich. Du hast daher wirklich gute Chancen, richtig, richtig alt zu werden und dann in aller Ruhe zu sterben. Die Wahrscheinlichkeit, dass du plötzlich und schmerzhaft aus dem Leben gehst, ist nicht gerade hoch. Und wenn du gut auf dich und deinen Körper achtest, sinkt sie noch weiter.

Alles in allem . . .

Das Sterben ist kein Fluch, keine Seuche und der Tod auch kein Geist. Es handelt sich dabei um einen ganz natürlichen körperlichen Vorgang. Jeder lebendige Körper auf unserem Planeten muss irgendwann sterben, egal ob er einer Pflanze, einem Tier, einem Pilz, einer Mikrobe oder einem Menschen gehört. Wie Blätter im Herbst fallen und den Boden ernähren, versorgen all diese Körper die Erde mit Nährstoffen – und die Erde ernährt die Pflanzen, die Pflanzen ernähren die Tiere, die Tiere ernähren sich voneinander, bis die Nährstoffe den Kreislauf vollendet haben und wieder in die Erde gelangen. Ohne Tod könnte es kein Leben geben. So gesehen müssen wir ihm fast dankbar sein, was?

Ich weiß nicht, ob du schon mal einen Menschen verloren hast, der dir wirklich wichtig war. Vor allen Dingen beim ersten Mal kann das ein sehr merkwürdiges, beängstigendes Gefühl sein, womöglich begreift man es zunächst gar nicht richtig. Und wenn du es schon einmal erlebt hast, fürchtest du dich vielleicht vor dem nächsten Mal. Denn wenn jemand stirbt, geht es erst einmal allen schlecht und niemand will darüber reden. Am Grab eines Familienmitglieds (oder auch eines heiß geliebten Haustiers) weinen alle oder sie stehen mit versteinerter Miene da. Aber das ist in Ordnung. Natürlich sind wir traurig, wenn wir wissen, dass wir den geliebten Menschen nie wiedersehen werden, dass er uns nie wieder Gesellschaft leisten wird. Eigentlich trauern wir eher für uns selbst, schließlich haben *wir* jemanden verloren. Für den Toten müssen wir nicht trauern, denn der kann keine Trauer und keine Einsamkeit mehr empfinden.

Das ist eine schwierige Erfahrung, aber irgendwann ist sie überstanden. Irgendwann erinnern wir uns an den geliebten Menschen, wie wir ihn früher kannten. Irgendwann sind wir nicht mehr traurig, sondern glücklich und dankbar für die Zeit, die wir mit ihm verbringen durften. So ein Abschied ist nie schön, aber man kann ihn auch als Chance auffassen – als Chance, den Tod zu verstehen. Zu begreifen, dass er weder gut noch schlecht ist. Dass er einfach zum Leben gehört.

Jeden Tag sterben 130.000 Menschen. Doch am selben Tag werden 400.000 neue Menschen geboren. Der Kreislauf des Lebens dreht sich weiter.

DAS JENSEITS
Eine Nahtoderfahrung

Im Jahr 1970 wurde Kimberley Clark Sharp auf einem Spaziergang von einem Herzinfarkt überrascht. Sie fiel tot um. Später konnte sie wiederbelebt werden, doch eine Zeit lang war sie praktisch tot – sie hatte eine sogenannte *Nahtoderfahrung*. Und so hat sie ihr Erlebnis beschrieben:

»Ich war nicht allein, das wusste ich. Aber ich konnte kaum etwas erkennen, denn ein dichter dunkelgrauer Nebel hüllte mich ein ... Unsere irdische Zeit hatte ihre Bedeutung verloren, unser ›Davor‹ und ›Danach‹ ergaben keinen Sinn mehr. Alles existierte zugleich, die Vergangenheit, die Gegenwart, die Zukunft. Plötzlich explodierte es unter mir, eine gewaltige Explosion aus Licht, das wie eine Flutwelle bis zum äußersten Rand meines Blickfelds rollte. Ich stand im Zentrum des Lichts. Es riss alles hinweg, auch den Nebel, es breitete sich immer weiter aus, bis zum Ende des Universums, das ich mit meinen eigenen Augen erkennen konnte. Dort brandete es auf und rollte Schicht für Schicht zurück, unzählige Schichten übereinander. Vor meinen Augen entfaltete sich die Unendlichkeit.«

Die Angst

Manche Leute fürchten sich gar nicht so sehr vor dem Sterben. Ihrer Meinung nach kommen wir »auf der anderen Seite« schnurstracks in eine bessere Welt, von der sie sogar eine ziemlich genaue Vorstellung haben. Andere sind weniger zuversichtlich. Sie haben keine Ahnung, was sie im Jenseits erwartet, und sie brennen nicht gerade darauf, sich persönlich schlauzumachen. Immerhin gibt es zu dem Thema ganz verschiedene Ansichten ...

Fallen wir in einen ewigen Schlaf? Oder erwachen wir im

Körper eines anderen Menschen (oder eines Tieres!) zu neuem
Leben? Wenn ja, in wen oder was werden wir uns *reinkarnie-
ren?* In einen König? Einen Präsidenten? Einen Delfin? Oder einen Mistkäfer? Und falls wir stattdessen in eine andere Welt
gelangen, wüsste ich schon gerne, wo diese Welt sein soll und
wie es dort aussieht! Werden wir unsere Freunde und Familien
wiedersehen oder landen die ganz woanders? Ja, würden sie
uns überhaupt wiedererkennen? Werden wir denselben Körper
haben wie zu Lebzeiten oder einen viel jüngeren oder älteren?
Oder gar keinen? Werden wir uns selbst wiedererkennen? Werden wir uns an unser vergangenes Leben erinnern? Denkt man
zu lange darüber nach, nehmen die Fragen gar kein Ende . . .

Die Realität

Die verschiedenen Kulturen und Religionen der Welt haben
ganz unterschiedliche Vorstellungen vom Leben nach dem
Tod. Die meisten Hindus und Buddhisten glauben, in einem
neuen Körper wiedergeboren zu werden, um ein neues Leben
hier auf Erden zu führen. Die Mehrzahl der Christen, Juden
und Muslime glaubt an ein ewiges Leben in einer anderen,
grundverschiedenen Welt, möglicherweise in einer eigenen
Dimension oder einem eigenen Universum.

Anhänger des japanischen Shintoismus schreiten auf einer
Treppe ins Jenseits, um die Geister ihrer Vorfahren zu treffen.
Indianer gehen in die ewigen Jagdgründe ein, wo Menschen
und Tiere einen endlosen Frühling und Sommer genießen.
Andere erwarten überhaupt nichts, außer in der ewigen Weite
von Zeit und Raum zu verlöschen wie eine Silvesterrakete.
Wieder andere freuen sich schon darauf, heller zu strahlen als
je zuvor – wenn sich ihre Energie mit der Energie sämtlicher
Lebewesen vereint, die jemals gelebt haben, zu einem gewalti-
gen Energiemeer, das immer weiter anwächst, bis es das gesamte Universum ausfüllt.

Wer hat recht? Wer liegt voll daneben? Und wer hat die besten Beweise?

Ganz ehrlich? Wir wissen es nicht und daran wird sich so schnell auch nichts ändern. Noch kann unsere Wissenschaft weder andere Dimensionen und Universen erforschen noch das ewige Mysterium des Bewusstseins lösen. Woher kommt unser »denkendes Ich«? Und wohin geht es nach dem Tod? Kurz gesagt: keine Ahnung.

Wenigstens können wir davon ausgehen, dass das Jenseits – also »der Himmel« – nicht direkt über uns hängt. Wir sind mit Raumschiffen ins Weltall gestartet, wir haben die Erde umkreist und kein Totenreich gefunden. Aber wer will ausschließen, dass der Himmel irgendwo in den Weiten des Universums liegen könnte? Warum nicht? Oder eventuell hinter dem Rand des Universums? Okay, das eher nicht, denn so weit wir wissen, kommt hinter dem Universum einfach *gar nichts*. Der Kosmologie zufolge enthält das Universum den gesamten Raum; es wird entweder von purem Nichts begrenzt oder das Ende geht wie bei einer Kugel in den Anfang über, sodass es gar keine Grenzen hat. Doch in anderen Dimensionen könnte es durchaus andere Welten oder Universen geben. Ja, da sind sich die Damen und Herren Kosmologen sogar ziemlich sicher. Aber ob wir ausgerechnet dorthin kommen, wenn wir sterben? Vielleicht, vielleicht auch nicht.

Und was ist mit der *Reinkarnation?* Der beliebten Vorstellung, dass wir nach dem Tod in einen anderen Körper übergehen? Auch dafür gibt es keine richtigen Beweise, doch man erzählt sich Geschichten von Kindern (oder sogar Tieren), die Menschen aus »früheren Leben« wiedererkennen. Andere können sich angeblich an Sachen erinnern, die sie eigentlich gar nicht wissen dürften. Klingt erstaunlich, aber geht es da auch mit rechten Dingen zu? Ich weiß es nicht. Manche wollen sich wahrscheinlich bloß wichtig machen, andere glauben vielleicht selber dran, erzählen aber trotzdem Quatsch. Oder auch nicht. Jedenfalls hat noch kein Biologe unmittelbar beobachtet, wie sich ein Mensch oder ein Tier in ein anderes Lebewesen *reinkarniert* hat. Andererseits lösen wir uns nach dem Tod in unsere Bestandteile auf, die daraufhin neu zusammengesetzt werden – und könnte man das nicht auch als *Reinkarnation* bezeichnen?

Unser Körper zerfällt, unsere Atome und Moleküle werden von Erde, Wasser, Mikroben, Pflanzen, Tieren und anderen Menschen wiederverwertet. Daher enthält jeder Körper mindestens eine Milliarde Atome, die früher zu Fischen, Kühen, Bäumen und Salatköpfen gehört haben. Ja, auch deiner! Kohlenstoffatome sind besonders reiselustig: Im Meer und in der Atmosphäre umrunden sie mit Leichtigkeit den gesamten Globus, sodass du wahrscheinlich ein paar Kohlenstoffatome aufgeschnappt hast, die früher in William Shakespeare oder Johann Wolfgang von Goethe herumgeschwirrt sind. Vielleicht hast du sogar ein, zwei Andenken an die alten Dinosaurier in petto! Und das ist nur die eine Seite, das »Baumaterial« des Körpers. Auch die Energie, die in ihm steckt, bleibt erhalten, auch sie wird auf dem gesamten Planeten wiederverwertet. Also vielleicht auch unsere Gedanken und Erinnerungen? Verschwindet unsere Seele im Nichts oder wechselt sie als Ganzes in einen neuen Körper? Falls sie sich nicht gleich in eine neue Welt oder ein neues Universum verabschiedet oder als einzelner Tropfen in das Energiemeer des Universums fällt . . . Niemand weiß es.

Alles in allem . . .

Die »Wahrheit« über das Leben nach dem Tod könnte so, so oder auch *so* aussehen. Wir wissen es nicht. Und warum sollten wir uns davor fürchten, wenn wir so gar keine Ahnung haben? Falls du einem bestimmten Glauben anhängst, machst du dir wahrscheinlich sowieso keine Sorgen – du hast eine relativ genaue Vorstellung vom Jenseits und du bist dir ziemlich sicher, dass du richtig liegst. Aber selbst wenn du nicht weißt, woran du glauben sollst, wenn du keinen blassen Schimmer hast, was dich am Ende erwartet, musst du dich nicht fürchten.

Denn warum fürchtet man sich vor etwas? Weil man weiß (oder zumindest vermutet), dass es irgendwie unangenehm oder schmerzhaft sein wird. Aber es gibt keinen Grund zu glauben, dass das Jenseits wehtun wird. Egal, ob wir in einen anderen Körper, ein anderes Leben oder ein anderes Universum wechseln oder ob wir uns mit der Materie und Energie unseres Heimatuniversums verbinden – es könnte doch auch Spaß machen, oder? Ich meine, hast du es schon mal ausprobiert? Warum gehen wir nicht erst mal davon aus, dass es gar nicht so schlecht sein wird? Also, bei mir klappt das ganz gut!

Eine Angst vor etwas, worüber man rein gar nichts weiß oder wissen *kann*, ist eine Angst vor der Angst selbst. Also quasi eine *Phobo-Phobie*. Und das ist doch wirklich richtig bescheuert.

Zu guter Letzt: Keine Angst!

Damit sind wir am Ende unserer großen Angst-Safari angelangt. Auf dem Weg haben wir alle (oder fast alle) Ängste und Phobien kennengelernt, die sich in der Wildnis unserer Seele herumtreiben, und wir haben eine ganze Menge nützliches Zeug gelernt.

Zum Beispiel, dass Angstgefühle teils durch automatische körperliche Reaktionen hervorgerufen werden. Fühlen wir uns akut bedroht, reagiert der Körper instinktiv und das Gehirn reagiert auf die körperlichen Signale – wir bekommen Angst. Indem wir die körperlichen Reaktionen bändigen, können wir unsere Gefühle zügeln und unsere Angst in die Schranken weisen.

Außerdem wissen wir jetzt, dass wir mit manchen Ängsten geboren werden, während wir andere erst im Lauf des Lebens erlernen. Die alten, angeborenen Ängste haben sich als Teil eines Alarmsystems entwickelt, das schon unseren Vorfahren in der Wildnis Afrikas die Haut gerettet hat. Und auch heute ist es gar nicht blöd, sich vor gähnenden Abgründen, stockfinsterer Dunkelheit, tiefem Wasser, giftigen Schlangen und plötzlichen Bewegungen zu fürchten.

Zusätzliche Ängste kann man auf ganz unterschiedlichen Wegen erlernen, zum Beispiel durch schlechte Erfahrungen, die sich tief in die Erinnerung eingraben, etwa Autounfälle und Hundebisse. Doch meistens kommen uns Freunde und Verwandte, Bücher, Zeitschriften, Filme und Fernsehen zuvor und erledigen das Graben für uns: Sie säen neue Ängste oder lassen alte Ängste anwachsen.

Aber Ängste wachsen auch von selbst. Je länger wir darüber

nachdenken, desto größer werden sie, bis das leichte Unwohlsein zur waschechten Panik angeschwollen ist. Dabei fürchten wir uns am liebsten vor Dingen, über die wir gar nichts wissen (können), denn das Unbekannte und scheinbar Unerklärliche macht uns automatisch misstrauisch. Und genau daraus ergibt sich unsere wichtigste Erkenntnis: Wir können unsere Ängste besiegen, indem wir sie erforschen, indem wir herausfinden, wie sie funktionieren. Ängste, die wir verstehen und erklären können, verlieren ihren Schrecken. Wenn wir wollen, können wir ihnen sogar bewusst entgegentreten, um sie endgültig in die Knie zu zwingen. Und das müssen wir nicht alleine machen – es ist keine Schande, sich auch mal Hilfe zu holen.

Wir haben eine verrückte Reise hinter uns. Ich weiß, manchmal war es ziemlich unheimlich. Aber ich hoffe, es hat sich für dich gelohnt. Wenn du jetzt das Gefühl hast, das Was, Wie und Warum deiner Ängste ein bisschen besser zu verstehen, war es das bisschen Gruseln auf jeden Fall wert.

Ja, die Welt ist ganz schön gruselig – aber auch ganz schön spannend! Und sobald du weißt, was es mit der Angst auf sich hat und was sie in deinem Kopf anstellt, kannst du deiner Neugier freien Lauf lassen.

Ein weiser Mann hat einmal gesagt: Warum ein Angsthase sein, wenn man auch ein Tiger sein kann?

Oder wenigstens ein extrem mutiger Angsthase!

Glenn Murphy

Warum ist Schnodder grün?

Wer sich nicht zu fragen traut, bekommt auch keine Antwort!
Aber häufig gibt es auf eine Frage mehrere Antworten und aus
der Antwort ergibt sich die nächste Frage. Dieses Prinzip hat
Glenn Murphy vom Science Museum in London aufgegriffen und
beantwortet spannende und verblüffende Fragen aus dem Alltag,
aber auch über das Weltall, den Planeten Erde, die Tierwelt, den
menschlichen Körper und Technologien der Zukunft.

Arena

256 Seiten. Klappenbroschur.
ISBN 978-3-401-06557-1
www.arena-verlag.de

Philip Ardagh

Philip Ardaghs völlig nutzloses Buch
der haarsträubendsten Fehler der Weltgeschichte

Wer weiß schon, warum der Papst in Spanien mit einer Kartoffel verwechselt wurde, wieso ein englischer Fußballer das Notizbuch des Schiedsrichters aufaß oder weshalb man sich auf keinen Fall seinen Namen in den Nacken tätowieren lassen sollte. Die schrägsten Pannen, Irrtümer und Schnitzer gesammelt vom genialen Philip Ardagh sind nicht nur zum Schlapplachen; damit kann man auch den pingeligsten Lehrer beeindrucken.

Arena

224 Seiten. Gebunden.
ISBN 978-3-401-06627-1
www.arena-verlag.de

Gerd Schneider

Von einem, der auszog, die Welt zu verstehen
und bis zum Abendessen wieder zurück sein wollte

Nichts ist so spannend wie die Entstehung der Welt und des Lebens! Dieses Buch ist eine Zeitreise zu den Anfängen unseres Universums, eine Expedition durch die Evolution unseres Planeten. Meisterhaft verknüpft Wissenschaftsjournalist Gerd Schneider profundes Wissen aus Geologie, Physik, Chemie und Biologie mit originellen Erzählsträngen und liefert einen mitreißenden Querschnitt durch die moderne Naturwissenschaft.

Arena

272 Seiten. Gebunden.
ISBN 978-3-401-06413-0
www.arena-verlag.de